陳元光與漳州
早期開發史研究

謝 重 光 著

文 史 哲 學 集 成
文史哲出版社印行

國立中央圖書館出版品預行編目資料

陳元光與漳州早期開發史研究 / 謝重光著. --
初版. -- 臺北市：文史哲，民83
　　面；　公分. -- (文史哲學集成；324)
ISBN 957-547-889-4(平裝)

1. (唐)陳元光－傳記　2. 福建省龍溪縣
－歷史

673.19/321.2　　　　　　　　　　83009205

文史哲學集成 ㉔

陳元光與漳州早期開發史研究

著　　作：謝　　　重　　　光
出 版 者：文 史 哲 出 版 社
登記證字號：行政院新聞局局版臺業字五三三七號
發 行 人：彭　　　正　　　雄
發 行 所：文 史 哲 出 版 社
印 刷 者：文 史 哲 出 版 社
　　　　臺北市羅斯福路一段七十二巷四號
　　　　郵撥〇五一二八八一二　彭正雄帳戶
　　　　電話：(〇二)三五一一〇二八

定價新臺幣三二〇元

中 華 民 國 八 十 三 年 十 一 月 初 版

自　序

　　《陳元光與漳州早期開發史》一書，是我五年來研究漳州早期開發史的一次總結。這裡說的漳州早期開發史，是指從唐高宗至唐德宗時期的一段歷史。在此之前，包括今日漳州市轄區在內的閩南、閩西南和粤東廣大地區，尚是「蠻獠」——即畲族先民聚居地，中原王朝的勢力尚未眞正到達這裡，或者說中原王朝的勢力在這裡還極爲微弱。隋唐之際，中原王朝開始有意經略這塊地區，由此而引發了漢族政權與「蠻獠」族人的矛盾，但因其時王朝投入此地的力量尚少，因而與「蠻獠」的矛盾還不至於太尖銳、激烈。到了唐高宗時期，隨著漢族勢力對「蠻獠」地區侵入和蠶食的逐步推進，「蠻獠」人民的反抗鬥爭也就以空前的規模和聲勢爆發出來。事態的發展，迫使唐王朝必須下決心解決這一地區的所謂「蠻獠嘯亂」問題。起初他們寄希望於將門之後的循州司馬高琔，即開國元勛高士廉的孫子。但是高琔北人南來，人地兩生，未能有效地鎮壓「蠻獠」的反抗鬥爭，不得不借重於早已落籍潮州的陳元光家族的力量。陳元光趁時而起，平定了「蠻獠」之亂，奏置了漳州，並出任漳州首任刺史，爲漳州的開發作出了巨大貢獻。此後其子孫世襲漳州刺史，直至德宗貞元年間。在此一百餘年間，漳州歷史舞臺的主角是陳元光及其家族。所以研究陳元光及其家族的興衰史，正是研究漳州早期開發史的主要內容。

　　在漳州地區，人們對於陳元光並不陌生，許多史誌工作者還寫過不少宣傳陳元光的文章。問題在於，在一般人心目中的陳元光並不是歷史上實有的陳元光，而是被神化了的作為民間信仰崇拜對象的陳元光。把陳元光崇拜為神，本來合乎中國幾千年來傳統的禮法和傳統的社會心理。《禮記‧祭法》說：「夫聖王之制祭祀也，法施于民則祀之，以死勤事則祀之，以勞定國則祀之，能禦大災則祀之，能捍大患則祀之。」這是官方提倡的聖賢崇拜的理論根據。除了能禦大災一條外，「以死勤事」，、「以勞定國」、「能捍大患」諸條陳元光都做到了，所以他理所當然地被列為祭祀的對象，受到漳州一帶官民的共同崇奉。對於陳氏後裔來說，他們對於陳元光的崇拜又與「祖有功、宗有德」的祖宗崇拜原則結合起來，聖賢與祖宗合二而一，既然無限崇拜，便希望崇拜的對象盡量完美。於是乎就想像、就附會，甚而至於假托、編造，張冠李戴，終於把陳元光塑造成一位門第高貴、文武兼備、忠孝雙全、功高德隆的「開漳聖王」。

　　充斥在陳氏及開漳將校後裔諸姓族譜之中，繼而又被寫進明清以來各種地方史志、甚至被採進《全唐詩》《全唐文》等書之中的種種有關陳元光的記載，多半就是陳元光崇拜者製造出來的傳說和故事。與這些紛繁記載相映成趣的是，新、舊《唐書》和《資治通鑑》對陳元光卻隻字不提。這種狀況，使我們研究陳元光進而研究漳州早期開發史的工作變得異常艱難。一方面，我們要通過精密的考訂來鑒別晚近譜、志等書中有關陳元光記載的真偽情況，認真區分歷史人物的陳元光和作為民間崇拜對象的「開漳聖王」，通過去偽存真，透視陳元光一生活動的史影；另一方面，又要在浩如烟海的唐宋文獻中披沙淘金，挖掘出關於陳元光

的較早較眞的記載，從中探尋有關陳元光郡望、籍貫、家世、生平等方面的消息。此外，還要與一批宥於舊觀念而自以爲是的陳元光「研究者」論戰，對付他們連篇累牘的「質疑」、「商榷」乃至蜚短流長之類的讕言。

不過，重重的困難並沒有使我裹足不前。早在我涉足史學研究之初，我就從前輩學者那裡獲知：做學問是要有足夠的理論勇氣的。我從前輩的教導中吸取了力量，對困難採取了知難而進的態度，並決定以剝笋殼式的層層解剖的方法處理學術難題，而以耐心的充分說理的方式，觀點鮮明地回答種種感情用事者的論難。

所謂剝笋殼式的層層解剖的方法，就是先清理有關陳元光的文獻資料，然後再論述陳元光的一生活動，以及漳州早期開發史的背景、過程和結果。在清理陳元光文獻資料時，又依次考證了所謂陳元光詩、文和家世生平傳說的眞僞，以期達到正本清源的效果。本書前八篇各自獨立而又互相關聯的文章，就是依照前述邏輯順序組成的。最後一篇是資料匯釋，旨在使讀者進一步了解有關陳元光的文獻資料的眞僞情況，以及那些假造、僞托材料的演變軌迹，當然也是爲今後的學術研究提供一種方便。

在這些文章中，我反覆要闡明的問題可以概括爲如下幾點：

第一，歷史上有關陳元光的文獻資料，時代愈晚則可信度愈低。大體來說，自明萬曆以降，陳氏及有關各姓族譜中的資料，包括據私譜成文的方志和詩、文總集中的材料，基本上是假造、僞托的。

第二，從較爲可信的資料來看，陳元光家族至少從元光祖父那一代起已經落籍嶺南，成爲嶺南土豪。陳元光父子是在嶺南就近起兵平定「蠻獠嘯亂」，而不是從遙遠的光州固始領府兵入閩

平亂，因而並不存在唐初有大批兵民從光州移殖閩南的史實。

　　第三，唐初發生在嶺東閩南的「蠻獠之亂」和陳元光的「平蠻」「開漳」，不是孤立的事件，而是唐王朝把實際統治範圍逐步向南推進，也就是實施有計劃經略閩、粵政策的必然結果。唐廷不是靠從中原派武力南征來實現其經略閩粵的戰略，而是靠閩、粵土著親朝廷的力量或以夷制夷的辦法來達到其戰略目標。陳元光家族所代表的正是親朝廷的土著力量。他們歸附朝廷鎮壓了「蠻獠」的反抗，既發展了自身的政治、經濟勢力，又符合中央王朝的利益，因而受到朝廷的器重。「平蠻」之後設置了漳州，閩嶺之際這塊長期不靖的土地名義上成了朝廷的一個行政區，朝廷達到了階段性的目標，但作為代價，卻是不得不同意陳氏世襲漳州刺史，自行辟置僚屬，即新設的漳州只是一個羈縻州，它實質上幾乎成了陳元光家族的獨立王國。朝廷不會同意這個獨立王國長期存在，隨著「蠻獠嘯亂」的矛盾逐步解決，朝廷與陳氏家族的矛盾漸漸激化。通過幾個回合的較量，在元光曾孫陳謨任漳州刺史之後，漳州州政終於回歸朝廷掌握，漳州作為羈縻州的歷史階段隨之結束。

　　第四，漳州的早期開發史，也就是漢族與「蠻獠」之間長期進行血與火的鬥爭史。鬥爭的過程是殘酷的，雙方都付出了慘重的代價。特別是「蠻獠」人民，他們的生存空間日益縮小，許多兒女慘遭殺戮。但是鬥爭的結果是加速了漢族與「蠻獠」的融合與同化，促進了漳州經濟、文化的進步。基於這種複雜的事實，我們一方面要指出，以陳元光家族為代表的漢族統治者與「蠻獠」人民的長期鬥爭，具有民族壓迫和民族征服的性質，是漢族強制地同化「蠻獠」人民；另一方面　，也不能不看到，陳元光的活

動客觀上有利於漢族與「蠻獠」的共同進步，對於中華民族大家庭的進步是有積極意義的。

　　以上這些寫作意圖，有一部分是以論戰的形式來體現的。爲了論戰的需要，有些篇章難免出現了某些觀點和材料運用上的重複。爲了保存當時論戰的實況，此次結集成書時一仍其舊，未作刪改；但對當時以爲可信，後來經過進一步考證確定其僞的材料，則予以刪除，有關觀點也作了相應的調整。

　　在本書搜集資料的過程中，得到福建省圖書館古籍和地方文獻閱覽室李琎先生的大力支持和幫助；本書的部分文稿曾經友人廈門大學歷史研究所楊際平教授審閱並提出寶貴意見，在此一并誌謝。

陳元光與漳州早期開發史研究

目　　錄

自　　序………………………………………………………… 1

壹、《龍湖集》的眞僞與陳元光的家世和生平……………… 1

貳、再論《龍湖集》是後人僞托之作………………………… 17

叁、《全唐文》所收陳元光表文二篇係僞作考………………37

肆、《唐嶺南行軍總管陳元光考》質疑

　　　——附論陳元光平蠻開漳的性質………………………67

伍、陳元光研究中的史料鑒別與取捨問題

　　　——與歐潭生先生商榷…………………………………85

陸、「開漳聖王」陳元光論略………………………………… 103

柒、漳州初建時期實行羈縻州制說………………………… 119

捌、陳元光家族遺迹雜考…………………………………… 141

玖、陳元光文獻資料輯校與疏證…………………………… 157

壹　《龍湖集》的真偽與
陳元光的家世和生平

　　陳元光是唐初閩粵地區的一位重要歷史人物。他在唐朝廷對閩粵邊境地區的經略及漳州建立後閩南的開發中作過重要的貢獻。他的武略和政績歷來爲閩南人民傳頌，也得到有關方面的肯定。但在有關陳元光家世、生平的傳說中也摻進了許多後世僞托的成份，給我們正確地認識這位歷史人物增加了不少困難。特別是清末民初纂成的若干《陳氏族譜》，刊載了題爲陳元光所作的《龍湖集》，內收古賦三篇、五言詩三十四首、七言詩十四首，多爲《全唐詩》、《全唐詩外編》及其他傳世文獻所未載①，而近來一些論者卻力主其眞，並據此提出陳元光不但是「一位文武雙全的將領」，「同時還是一位傑出的詩人」，「無愧稱爲初唐詩歌革新運動在南方的一面旗幟。」②這一結論若能成立，不但唐初閩粵地區的歷史必須重編，一部唐代文學史也得改寫。問題關涉如此之深且巨，不能不認眞對待。故本文爰據管見所及，先考《龍湖集》的眞僞，進而更論有關譜、志的問題及陳元光的眞實家世和生平。

一、《龍湖集》中出現的紕繆

　　《龍湖集》所收詩、賦，字句錯訛、用詞鄙俚，或同一首詩中用字重複，或不同詩之間句子雷同，而且不叶聲律之處比比皆是。這個問題，《福建地方史志通訊》在1986年第 5 、 6 期所刊

《「龍湖」考》一文的按語中早經指出。但這樣的問題尚可委諸作者水平低下，未必可證該集之偽，姑置不論。

《龍湖集》中更突出的紕繆是提到的人物、事件、地名、制度等多悖于唐代史實和唐人習慣。倘若此集眞是陳元光所作，是決不可能出現此類錯誤的。因此，這些紕繆是該集係後人偽托的鐵證。茲舉其要，略加剖析。

1. 地名之謬

《龍湖集》首載古賦三篇，後附「汝寧刺史鄭」的批語。按之史乘，元代始設汝寧府，明清因之。元、明、清的汝寧府地漢代稱爲汝南郡，唐代稱豫州，也曾一度改稱汝南郡。唐代又有汝州，轄區並非後世的汝寧府地域。陳元光的時代既無汝寧州，又何來汝寧刺史呢？

《集》中又有《半徑廬居語父老》二首，內有「二州諸父老，百里載牲來」語，詩後按語引陳元光《墓志銘》，謂陳政的二兄敏、敷奉朝命領兵入閩增援陳政，其母魏氏同行，「至浙之江山縣，敏、敷病疽；至浦城，孫子亦疽」云云。墓志銘應寫于墓主死後不久，則出現的地名本應是唐初的行政區劃。但江山縣唐代稱爲須江縣，至五代的吳越始改曰江山縣；③浦城在隋稱爲吳興，唐武德四年（921年）更名唐興，後廢入建安，載初元年（689年）復置，天授二年（691年）曰武寧，神龍元年（705年）復曰唐興，直至天寶元年（742年）始稱浦城。④陳元光卒于景雲二年（711年），其墓志銘中怎麼可能出現幾十年乃至二百多年後的行政區劃名稱呢？而且此詩說是爲其祖母結廬守制時所作，是時漳州已建，轄地「方數千里」⑤，詩中所謂二州指泉、潮二州，方數千里的漳州境內，又怎麼可能出現「二州諸父老，百里載牲來」的情景呢？

再如《曉發佛潭橋》一詩，《古今圖書集成》卷1097《漳州府關梁考‧漳浦縣佛潭橋》明載：「在十七都，元至正間建」，唐時尚無佛潭橋，陳元光如何能吟出「曉發佛潭橋」的詩篇？

《龍湖集》中一再出現唐初所無的地名，暴露出此集乃後人僞作。作僞者以當時地名附會唐代行政區劃，因而露出了馬腳。

2.人物、職官之謬

《集》中三賦之後又列有「左拾遺裴行立評」，五言詩中則有《和王采訪重九見訪》一首。按裴行立《新唐書》有傳，未載其曾歷官左拾遺，《舊唐書‧憲宗本紀》載其卒于元和十五年（820年），《新唐書‧方鎭表》稱其享年四十七，可知裴行立生于唐代宗大曆九年（744年），上距陳元光卒年已六十餘年。陳元光作賦之時，裴行立尚未出生，何能以主司的口吻，評贊此三賦「鍊達老成，三代之威風，無幼衝之嫩語」？至于王采訪，是指姓王的采訪使。然而唐代采訪使始設于開元二十一年（733年），安史之亂後廢除⑥。陳元光生前既無采訪使之官，安得與「王采訪」詩酒酬酢？

3.名物、制度之謬

更爲可怪的是，《喜雨次曹泉州》詩第二首中有句云：「銅虎謹深懸，木鐸今始作」句。銅虎指用銅製作的虎符，又與唐代制度相悖。按唐代所頒符契，用於調遣軍旅，更易守長的初用銀菟符，後改銅魚符；傳信符則因方位而異：兩京、北都留守給麟符，東方諸州給青龍符，南方諸州給朱雀符，西方諸州騶虞符，北方諸州玄武符。此外又有隨身魚符，以明貴賤，應詔命，乃是頒給品秩較高的官員隨身攜帶者。諸符中唯銀菟符和騶虞符以虎爲形，但銀菟符乃銀質，騶虞符用於西方諸州傳信。地處南方或

東南方的漳州刺史、節將不可能有銅虎符。

4.犯諱之謬

　　封建社會對君主、尊長輩的名字必須避諱，倘有意或無意直犯其名，便是犯諱，乃是大不敬之罪。唐高祖李淵的祖父名叫李虎，武德初被追尊為景皇帝。唐人避其諱，以於菟或騶虞代稱虎字，虎符因而稱為銀菟符或騶虞符。同樣的道理，唐代文獻中把「世」寫作「代」，「治」寫作「理」，有時還把「民」寫作「人」，民部改為戶部，是避太宗李世民、高宗李治之諱。

　　對於陳元光來說，他生前的唐代諸帝高祖、太宗、高宗、中宗、睿宗之名淵、世民、治、顯、旦，還有被追尊為皇帝的高祖李淵之祖、父名虎、昞都應避諱。但在《龍湖集》中，虎、淵、世、顯等字俱直犯不避，其中虎字竟出現十三次之多，有「驅風雷兮從虎龍」、「一戈探虎穴」、「虎帳風霆肅」、「銅虎謹深懸」、「官僚仗虎犀」、「祛災剿猛虎」、「山畬遙獵虎」、「驚旗負虎丘」、「石臥虎司碑」、「斷蛟驅猛虎」、「義重同胞堪搏虎」、「乾坤義氣為虎神」等句，甚至有一詩直題作「風虎」；犯淵字的如「策向桂淵弘」、「對菊淵明懷刺史」；犯世、民兩字的如「祈禳稱世世，民社兩無違」、「同車蓋世雄」、「青牛出關逃世紛」；犯顯字的如「居官顯孝廉」、「顯相賴殊才」等，也是一犯再犯。陳元光作為朝廷命官，豈有不守國典，屢犯國諱之理？能否用元光武人，僻處海隅，不嫻禮法來為其犯諱辯護呢？也不能，比陳元光時代稍早的嶺南俚帥楊世略，高祖時歸順朝廷，官授循州刺史，唐太宗即位後，他為了避太宗諱，改名楊略，即為顯例。《龍湖集》中犯諱之謬，只能說明它並非陳元光所作，而是出自後世無識好事之徒之手。

5.其他方面的謬誤

《龍湖集》中還有其他許多不合情理的現象。例如《龍湖公祀后土》一詩，既稱龍湖公，應是別人作詩記敘元光之事，若是元光所作，豈有自稱爲公之理？詩云：

> 天啓鑑湖清，靈源浸天碧。不爲潛龍盤，上翊飛龍續。
>
> 花氣濆龍香，河光溥龍德。福以龍德鍾，壽以龍仁益。
>
> 百禮祀龍神，九歌感龍格。龍湖配天長，萬葉復千億。

此詩題爲祀后土，實則祀龍神，而且不叶韻律，不倫不類，最成問題的是末二句，陳元光自號龍湖，詩云「龍湖配天長，萬葉復千億」，這不是自命爲龍，自命爲天嗎？《陳氏族譜》稱：陳元光葬考妣於雲霄山，有望氣者指其塋域有王氣，元光亟命徙葬以謝嫌疑。然則陳元光是個忠謹之人，怎肯作此狂妄僭亂，可能招致滅族之罪的詩句？

又如《候夜行師七唱》，共七首長詩，歷述傳說中陳元光隨父入閩十年征戰的業績，第一首敘起，第七首作結，中間五首分別寫初更至五更所思所憶，結構可謂頗具苦心。但稍加推敲，若說此詩乃某夜行師中吟就，則馬背上征途中哪能如此從容寫出七首長詩？須知候夜行師，定是軍情孔急，不是等閑漫游。若說這組詩是日常暇時所作，則其內容又非寫夜間行師之事，與詩題不合。詩中內容亦多有不合情理者，如第二首「魏母咸亨奉勑文」句，稱自己的祖母爲魏母，實屬罕見；第六首寫戍守中事，忽有「雪花散雜梅花媚」，「河腹冰堅防虜騎」；另外《觀雪篇》中有「忻然睹香雪」句，《平獠宴喜》詩中有「風生雲無帳，雪壓碧油幢」句，把北國嚴冬景象搬到「正值嚴冬際，渾如春畫中」、「天涯寒不至，地角氣偏融」⑦的閩粵之交，何其悖亂不經？

《龍湖集》中諸如此類的紕繆不勝枚舉。誠如著名史學家黃宗羲指出的：「氏族之譜……大抵子孫粗讀書者爲之。掇拾訛傳，不知考究，牴牾正史，徒詒嗤笑。」⑧《龍湖集》正是陳氏子孫中無識好事之徒，掇拾訛傳或擅自僞造出來的，其旨無非爲了增加祖先的光榮，結果卻弄巧反拙，貽笑於世人。

二、有關譜、志暴露的問題

《龍湖集》的內容證明了它是一部僞作，但這部僞作產生的時間，還須從陳氏族譜的演變過程中去探尋。

據陳禎祥於民國五年（1916年）纂成的木刻本《潁川陳氏開漳族譜》（藏廈門圖書館，下稱《禎祥譜》）所載歷代序言，陳氏族譜最早撰於後唐，其後不斷有所修訂，僅南宋一朝和清乾隆年間就各有二次續譜之舉。其中乾隆六十年（1795年）纂成的陳氏譜，據作序者沈水同稱：「漳郡遭於兵燹，淪於水潦，載籍蕩然無存者什一」，舊的陳氏譜亦淪沒不存，續譜者據傳聞成書，而自以爲「訛者訂之，落者注之」，功莫大焉。其實，有關陳元光的許多傳聞不實之詞，很可能就是乾隆時續譜中附會進去的。惜乎舊譜既已不存，今已難以考見其詳了。

所幸漳州府志、福建通志及有關縣志、廳志關於陳元光的記載，乃「據家譜書之」⑨，因而從不同時期此類志書的有關記載的演變中，仍可窺知其所據陳氏族譜的演變情況。

按漳州志始修於宋，有祥符《漳州圖經》，淳熙《臨漳志》，嘉定《清漳新志》和淳祐《清漳志》四種，然今皆不存。明初修成的《永樂大典》對淳祐《清漳志》多所引據，並未提到有陳元光《龍湖集》一書，可見宋修漳郡諸志，尚無陳元光著《龍湖集》

一說，進而可知此前陳氏族譜尙未編出陳元光著《龍湖集》的謊言。

明代亦曾三次修成漳州府志，其書國內已難見到，但是萬曆九年（1581年）成書的《閩大記》於全省藝文情況記載頗詳，於此前漳州府志的有關記載應已搜羅無遺。《閩大記》所載漳州藝文情況，唐代闕如。又可見迄至明萬曆初年，陳氏譜中亦尙無陳元光著書之說。

但是明末清初有關史志對唐代漳州藝文、選舉等情況的記載開始發生了變化。就藝文來說，康熙三十九年（1700年）初刻，四十七年（1708年）增刻的《漳浦縣志》，出現了陳元光著《玉鈴集》（按：鈴應爲鈐之誤）的記載，並具體錄載了陳元光文二篇（《請建州縣表》‧《謝准請表》）、詩七首（《漳州新城秋宴》、《曉發佛壇橋》、《落成會咏》二首、《半徑尋眞》、《太母魏氏半徑題石》、《示珦》），其後康熙五十四年（1715年）成書和乾隆四十一年成書的《漳州府志》，也都著錄了陳元光的《玉鈐記》，然俱未揭示《玉鈐記》的具體內容。值得注意的是康熙四十五年編成的《全唐詩》，收進了陳元光詩三首，即康熙《漳浦縣志》七首中的《落成會咏》之一、《示珦》、《半徑題石》，而嘉慶年間成書的《全唐文》，則收錄了《漳浦縣志》揭載的兩篇陳元光文。這兩部書在編纂過程中，除了依據已有的詩、文總集外，「又旁採殘碑斷碣、稗史雜書之所載，補苴所遺」，或「鈎稽《永樂大典》中的單篇殘段，廣蒐史子雜家記載和金石碑刻資料」。⑩應該說，明末清初所成的漳州郡志、縣志乃至此時流傳的陳氏族譜，都已被其羅致而成爲取材的資料，然則《全唐詩》所收三首所謂陳元光詩，及《全唐文》所收二篇陳元光文，很可

能即來自康熙三十九年初刻的陳汝咸所修《漳浦縣志》，或者是
與初刻本陳汝咸《漳浦縣志》有著共同的史料來源。陳《志》另
外四首所謂陳元光詩未被《全唐詩》採用的原因，或爲其作僞明
顯，《全唐詩》的編者有所察覺而不取，或爲初刻本陳《志》所
無，乃是康熙四十七年增刻時補入的。看來，明末清初正是好事
者僞造陳元光詩、文的活躍時期。在這個時期，托名陳元光的詩
作內容和數目尚不固定，但有逐步增加的趨勢。

　　及至民國初年，僞造陳元光詩文的過程已經完成。作爲這一
過程的總結，是民初幾部陳氏族譜的編成。在這些譜中，陳元光
不但著有《玉鈐記》，還著有《龍湖集》，構成《龍湖集》的詩、
賦數量和內容已經基本統一起來，就是我們在《禎祥譜》等陳氏
族譜中見到的那種情況。至此，陳元光「文武全才」的形象算是
有了具體的依據。

　　晚近陳氏族譜僞造的內容，不限於《龍湖集》的編造和附入，
關於陳元光父、祖、子、孫的其他記載，也多有僞托和訛傳的成
份。其中最突出的是僞造陳元光之子陳珦登科的說法，其作僞時
間略早於爲陳元光編造《龍湖集》。弄清這一說法的產生經過，
有助於我們加深認識《龍湖集》的僞托性質，故下面亦略予考察。

　　關於陳珦登科的情況，《禎祥譜》載：「第三世珦以明經及
第，名亞狀元王摩詰之下，授翰林院……」。另有漳州天寶路邊
所藏《陳氏開漳族譜》（下稱《天寶譜》）則稱：「三世祖珦…
…通天元年丙申，十七歲舉明經及第，授翰林承旨直講學士。未
幾，見武后殺唐宗室，疏乞歸養。景雲二年，父龍湖戰歿，率武
勇斬藍奉高，俘其餘黨。父仇攸復，朝命治州二十餘年，澤洽化
行。開元十九年辛未，登王維榜進士。」兩譜所載略有不同，但

都經不起歷史的檢驗，同屬粗劣的僞造。

讓我們先從王維登科談起。按《舊唐書・王維傳》明白記載王維開元九年（721年）進士及第。《新唐書・王維傳》雖然含糊地說王維「開元初，擢進士」，但又記王維及第後歷官太樂丞、濟州司倉參軍，至「張九齡執政，擢右拾遺。」從初及第至官居右拾遺，在唐代歷時十幾年是正常的情況。而張九齡初任執政事在開元二十一年（733年），則王維擢進士決不能是在開元十九年（731年），若說是在開元九年，不但在字面上與「開元初」無違，且與歷官太樂丞、濟州司倉參軍後擢右拾遺的經歷亦正相符合，可知王維開元九年登進士第的記載無可懷疑。

王維於開元十九年狀元及第的說法始於元代辛文房的《唐才子傳》。顯然，十九年是九年之訛，而狀元之謂則是將《集異記》中關於京兆府把王維定爲解頭應舉誤會成狀元及第了。既然王維並非開元十九年及第，又非狀元，則所謂陳珦於開元十九年王維榜明經（或進士）及第，名亞狀元王維云云，自是子虛烏有，純屬生硬附會《唐才子傳》的無根之詞。

即使退一步說，陳珦果眞於通天（按：應爲萬歲通天）元年或開元十九年登第，其及第後便授翰林院，甚至授翰林承旨直講學士之說，也是站不住腳的。唐代翰林始於玄宗朝，初稱供奉，至開元二十六年（738年）改稱學士，承旨學士則是到憲宗朝（805—820年）才出現的。翰林學士，特別是承旨學士參預機密，位高權重，時人號爲「內相」，決非初及第者所可企及。況且，萬歲通天元年（696年）尚無翰林，開元十九年尚無翰林學士，更遑論承旨學士。初登一第，何能遽「授翰林院」或「授翰林承旨學士」？

總之，陳珦登科並官授翰林院之說乃是向壁虛構。這一虛構亦昉於明末。因為清人徐松的《登科記考》，對於多所徵引宋元舊籍的《永樂大典》中的科第材料「盡行採錄」⑪，所得唐代漳州登進士、明經科第者只有周匡業、周匡物、潘存實、謝脩數人，而無陳珦，足見宋、元時並無陳珦登科之說。明弘治四年（1491年）刻本《八閩通志》及前引《閩大記》，亦無陳珦之名，又說明直至明萬曆初年，仍無陳珦登科一說。但萬曆末年成書的《閩書》，卻出現了陳珦於「萬歲通天元年舉明經及第，授翰林承旨直學士」，任州刺史二十餘年後又於開元「十九年登王維榜進士」的記載。可見偽造陳珦登科之舉應即肇始於《閩大記》成書的萬曆九年（1581年）與《閩書》成書的萬曆四十四年（1616年，初纂）或萬曆四十八年（1620年，補纂）之間。

《閩書》關於陳珦登科的說法應源於這一時期編成的陳氏私譜。這種說法為稍後成書的《漳浦縣志》搬用，只不過將萬歲通天元年改為嗣聖十三年，乃依照朱熹《通鑑綱目》的筆法，將凡是出現於武則天時期的事件改用中宗嗣聖年號。不過。這種說法漏洞過於明顯，別的不說，僅僅明經及第後任刺史已達二十年之久，再舉進士一端，即太不合情理。故其後修纂的漳州郡、縣志只得修改舊說，以圖掩蓋作偽的痕跡。具體的修改辦法，各志略有不同：康熙五十四年（1715年）成書的《漳州府志》維持萬歲通天元年明經及第說，但又捨不得放棄王維榜及第的光榮，遂擅自將王維及第的時間移到此年。這是一種典型的任意篡改歷史的做法。乾隆和光緒兩種《漳州府志》大體承康熙《漳州府志》之舊，但時間上採用朱子筆法，改為嗣聖十三年，且刪去王維榜及第之說。另有些志書則取開元十九年王維榜進士及第之說，而放

棄了萬歲通天元年即已少年登明經第的光榮，民國《福建通志》
即從此說。也有些譜牒採取模棱兩可的做法，最典型的要算前引
《禎祥譜》，只說陳珦「以明經及第，名亞狀元王摩詰之下」，
避開了及第時間到底是萬歲通天元年還是開元十九年的問題。這
種諸說不一的情況，也反映出偽造者心勞力拙，偽說尚未成熟定
型的特點，與《龍湖集》偽造過程中出現的情況是相似的。

三、陳元光的家世與生平

　　晚近譜、志的作偽成份如此之多，則其關於陳元光家世和生
平的說法也必須重新探究。

　　考唐代文獻關於陳元光的記載，今存兩條。其一是張鷟《朝
野僉載》的一條記事：「周嶺南首領陳元光設客，令一袍袴行酒。
光怒，令拽出，遂殺之。須臾爛煮以食客，後呈其二手。客懼，
攫喉而吐。」這條記載於陳元光的形象甚為不利，故歷來有不少
治地方史者對之持懷疑態度。有人論之曰：「公何暴戾至此？或
其時尚有蠻人凶頑之習歟？抑小說家言固不足信歟？」⑫還有人
乾脆一筆抹煞，認為「光素無殘暴名，此言當不足信。」⑬我們
認為，張鷟生活在唐代武后、中宗、睿宗三朝和玄宗前期，與陳
元光同時而稍後。開元初他曾被流放到嶺南，是時漳、潮二州轄
屬嶺南道，對陳元光的事蹟有可能多所見聞。《朝野僉載》正是
記其親身見聞之書，所記內容應比千百年後的傳聞可靠得多。縱
使陳元光殺人享客之事未必實有，陳元光是嶺南首領這一點決無
可疑。以此與方志記載朝廷拜陳政為歸德將軍、陳元光為懷化大
將軍的事聯繫起來看，兩者正可互相印證，因為懷化大將軍與歸
德將軍俱係唐高宗顯慶三年（658年）新置，專以授初附首領者。

後人懷疑《朝野僉載》這條記事的眞實性，乃因受了民間對陳元光傳說的影響，以千百年後民間訛傳否定當時人所記當時事，實在是犯了本末倒置的錯誤。

其二是林寶《元和姓纂》卷三，「陳氏」條將陳元光列爲諸郡陳氏，謂「右鷹揚將軍陳元光，河東人。」從明、清以來譜、志仍稱陳元光爲潁川陳氏、光州固始人來看，《元和姓纂》的記載亦未受到應有的重視。其實，林寶是唐代著名史學家和譜牒專家。他纂《元和姓纂》，乃奉朝命「按據經籍，窮究舊史，諸家圖牒，無不參詳」精心修撰而成。書成之後，朝廷「置之省閣」，「每加爵邑，則令閱視，庶無遺謬」⑭，具有官方認可的權威性。此書修撰的元和年間，上距陳元光曾孫陳謨任漳州刺史的貞元年間不過數年，當時關於陳元光家族姓氏，源流郡望所自的材料一定豐富而翔實，也在林寶參詳之列，故《姓纂》所載是最爲眞實可據的。正因爲如此，宋修《仙溪志》、《宋會要輯稿》、《輿地紀勝》，明嘉靖年間修成的《龍溪縣志》、《長泰縣志》、《廣東通志》，以及《崇禎海澄縣志》、《乾隆海澄縣志》等書，都記載陳元光爲河東人（按：實質是指郡望），故陳元光望出河東之說，是牢不可破的。

相反的，說陳元光出自潁川陳氏，乃古人囿於門第觀念，「苟引先賢、妄相假托」的積習，不可當眞。說陳元光家於光州固始，其父及伯父、祖母「萬里提兵」至閩粵之交鎮壓「蠻獠」動亂，更是大悖於當時的事勢。「萬里提兵」說編造出行軍途經江山、浦城之妄，已如前述。再從唐初的兵制和征伐慣例看，這種說法也是站不住腳的。唐初實行府兵制度，兵士從農民中征點，但並不脫離農業生產，而是照樣授田，兵農結合，寓兵於農。平

時兵士分番上下，「若四方有事，則命將以出，事解輒罷，兵散於府，將歸於朝。」⑮爲了適應府兵兵農合一的特點，唐朝對局部地區的動亂，總是命出事地區的都督發兵征討。即使動亂規模稍大，必須調遣他處將帥出征，也是令其征發鄰近地區的府兵出戰。這樣做，不但有兵士適應氣侯、熟悉地形之利，且減少了後勤供應的勞費，是行之有效的好辦法。當時嶺表動亂規模不大，所發之兵不過區區五千。五千之兵從江南五府，嶺南六府盡可征集足用，又何須從萬里之外關山阻隔的中原發兵遠征呢？倘若從中原發兵，兵士之家的農業生產勢必大受影響，兵士豈不怨望？是時閩粵被視爲蠻荒瘴癘之鄉，中原來的兵將不習水土，勢必染病，且又不習地形，如何能作戰取勝？萬里行軍中糧草如何征集、運輸？況且總章年間，征遼戰事甫定，大量逃亡士兵散而未歸，各地「寇盜」蜂起，西邊經略，亦未息兵，隴右戶口凋敝過甚，加之京師及山東、江淮旱饑，浙江南部大風海溢，永嘉、安固等地漂沒六千餘家。朝廷正爲這些問題大傷腦筋，窮於應付，根本無力從中原發兵遠征閩粵動亂。陳元光家於光州固始，從光州萬里提兵入閩說決難成立。

那末，陳政一家究係從何處入閩？所謂五十八姓軍校隨陳氏父子入閩、落籍漳州的實情如何呢？對這個問題，陳元光的僚佐丁儒後人的《白石丁氏古譜》及廣東方面的志書保留下了重要線索。據《白石丁氏古譜懿蹟記》載：在陳政入閩之前，閩南一帶先有姓曾的府兵將領在此戍守，稱爲曾鎭府。丁儒即因入贅於曾鎭府，久已留居閩南。陳政代戍閩南後，「建寨柳營江之西，以爲進取。恩威併著，土黎附焉，轄其地爲唐化里，而龍江以東之民陸續渡江田之，且戰且招。」「儀鳳之初，撫循既熟，復進屯

於梁山之外，而凶頑不敵者率引遁叢林邃谷中。猶虞出沒，乃募
眾民，得五十八姓，徙雲霄地，聽自墾田，共為聲援。」柳營江
在今漳州東偏江東橋一帶，唐化里屬舊龍溪縣，為漳州於貞元間
徙治龍溪時的治所。梁山則在漳州西南今雲霄縣境內。可見五十
八姓軍校乃從舊龍溪縣招募，徙於今雲霄縣地落籍，並非募自中
原入閩落籍漳州。又據明嘉靖間黃佐所修《廣東通志》載：「陳
元光，揭陽人。先世家潁川。祖洪，丞義安，因留居焉。父政以
武功著，隸廣州揚威府。元光明習韜鈐，善用兵，有父風，累官
鷹揚衛將軍。儀鳳中，崖山劇賊陳謙攻陷岡州城邑，遍掠嶺左，
閩粵驚擾。元光隨父政戍閩，父死代為將。潮州刺史常懷德甚倚
重之。時高士廉有孫琔嗣封申國公，左遷循州司馬。永隆二年，
盜起攻南海邊鄙。琔受命專征，惟事招慰。乃令元光擊降潮州盜，
提兵深入，伐山開道，潛襲寇壘，俘馘萬計，嶺表悉平。還軍於
漳，奏請創置漳州。」則陳政父子是從粵入閩，又從閩提兵入粵
鎮壓了「蠻獠」暴動，旋軍於漳，奏置漳州的。

　　《丁氏古譜》和《廣東通志》的記載並非全無問題，如謂陳
元光先世家潁川，仍是惑於陳氏偽冒的郡望而未加辨察。但丁氏
非陳氏後裔，廣東非陳元光子孫世居、陳氏恩德久播之地，其所
記載當然較漳州據陳氏後人傳聞所成之譜、志的有關記載更能近
於實情。何況《丁氏古譜》早在明清時即見稱於史家而常為文獻
所徵引⑯，且丁譜、粵志所載又多合於唐人原始記載，黃佐《廣
東通志》所載，又與唐代陳子昂撰寫的《唐故循州司馬申國公高
君墓誌》所載的基本情節符合。所以我們認為，丁譜、粵志之說
是基本可信的。

　　綜上所述，陳元光先世為河東人，但從祖父一代起即已居於

潮州，爲廣東揭陽人。陳元光家世習武，本人有韜略，善用兵，曾爲嶺南首領。效順朝廷後，從父入閩戍守，又自閩提兵平定粤中動亂，受到朝廷嘉獎，官拜懷化大將軍、鷹揚衛將軍。旋章奏開漳州，本人及子、孫、曾孫世爲漳州刺史，有功於漳州的開發。這就是陳元光家世與生平的基本面貌。

陳元光家世武人，本人曾爲嶺南首領，雖然武功赫赫，但在士族習氣仍有深遠影響的唐代，仍是不齒於纘纓世家而爲一般士人所鄙視的。所以陳元光後人重視業儒努力提高文化素養，並不惜弄虛作假，編造出陳元光文武兼資，十三領鄉薦第一，著有《玉鈐記》和《龍湖集》；而陳珦明經（或進士）登科，名亞王維，官授翰林院的謊言。弄清陳元光的眞實家世和生平，不但進一步證實了《龍湖集》之僞，也深刻揭露了陳氏後人的作僞動機，這於唐史、文學史和福建史的研究，應是不無裨益的。

【附　註】

①⑤　此據檳城緞羅申鴻文印木刻本《陳氏族譜》，《禎祥譜》所載略同。

②　何池：《初唐詩壇上的一支奇葩》（載福建漳州市委黨校《教研文叢》87年2—3期）、《陳元光〈龍湖集〉佚詩考辨》、（載漳州業餘大學首屆畢業生優秀論文集）。

③　參閱《新唐書》卷41《地理五》、《元豐九域志》卷5、《宋史》卷88《地理四》之衢州條。

④　《新唐書》卷41《地理五·建州建安郡·浦城》。

⑥　《通典》卷32職官14總論州佐條，《文獻通考》卷61職官15採訪處置使條；宋·趙彥衛《雲麓漫鈔》卷8。

⑦　《白石丁氏古譜懿蹟記》，據漳州地方志編纂委員會八六年整理本。

⑧　黃宗羲《南雷文定》三集卷 1《淮安戴氏家譜序》。

⑨　乾隆《漳州府志》卷24「宦績‧陳元光」條，纂志者按；「前志據家譜書之」。

⑩　見《四庫全書總目提要》及中華書局標點本《全唐文》出版說明。

⑪　徐松《登科記考》凡例。

⑫　饒宗頤《潮州志‧叢談二‧事部》「元光謫客」條引。

⑬　民國《福建通志》於《名宦‧陳元光傳》後所加按語。

⑭　《全唐文》卷722，林寶《元和姓纂序》。

⑮　《新唐書》卷50《兵志》。

⑯　如《古今圖書集成‧職方典》即徵引了丁氏譜中丁儒《歸閑二十韻》詩。

（原載《福建論壇》89年 5 期）

貳、再論《龍湖集》是
後人僞托之作

關於唐初閩南粵東重要歷史人物陳元光是否著有一部《龍湖集》的問題，筆者曾撰《〈龍湖集〉的眞僞與陳元光的家世和生平》一文（載《福建論壇》1989年5期），對此作了初步的考察，從《集》中出現的種種不合唐代制度、史實和唐人習慣的問題，以及晚近譜、志所載陳元光家世、生平之不可信，論證該《集》實非陳元光所作，乃出於明末以後人的僞托。拙作發表以來，史學界反應頗爲熱烈，贊同者有之，尚存疑問者亦有之，反對者則紛紛提出商榷。有鑑於此，必須對《龍湖集》作進一步考察，以明辨是非，澄清歷史眞相。

一、《龍湖集》中出現的問題無可掩飾

如何看待筆者揭出的《龍湖集》中出現的問題，是論爭的一個焦點。筆者先針對論者提出的辯難，把這些問題擺出來再作一些分析。

1.地名的問題

《龍湖集》首載古賦三篇，後附「汝寧刺史鄭」的批語。拙作指出，汝寧府元代始有，明清因之。陳元光的時代既無汝寧州，又何來汝寧刺史呢？一些論者提出，這「汝寧刺史鄭」應即元代或元以後人，後人因景慕前人的詩賦而作批詞，談不上出了地名的問題。但是，論者照顧到地名問題而把這位鄭刺史推到元代或

更後，卻忘了元明清三代府官稱知府或府尹，並無刺史官稱。把
後世的地名與前代的官稱相聯，暴露的不僅是地名問題，還有官
制問題。況且，批詞中有「斯子幼衝……行當黼皇猷，勒彝典，
以作中州之瑞；拔冠本州，以觀其年高德廣」等語，明明是父母
官對本州（固始縣元明清時屬汝寧府）後進少年獎贊有加，以之
作爲本州祥瑞，並預言其日後大建功業的口吻，怎能把這位刺史
說成是元代以後的人物呢？後人對前賢的詩文有這樣評贊的嗎？
另外，「批詞」中「本州」、「中州」應俱指所謂陳元光的家鄉
光州，但光州在唐代屬淮南道，直到元代才劃入河南行省。古稱
豫州爲中州，後人把約略相當於古豫州的河南道、河南行省稱爲
中州是可以的，而在唐宋時，卻並無把光州稱爲中州的情況。其
時光州人都自稱淮南人，外地人也把光州人稱爲淮人、淮民。宋
代成書的《三山志》記載光州固始人王潮、王審知兄弟率衆人閩，
說：「唐景福中，王氏入閩，淮民隨之。」便是一證。「批詞」
把光州稱爲中州，也與「汝寧刺史」的提法一樣，暴露出地理概
念上的時代錯誤。這兩種地名的錯誤，都只有元代以後才可能產
生。

　　《集》中《半徑廬居語父老》二首，詩後按語引《志銘》，
提到江山、浦城兩個縣名。拙作指出，《志銘》指陳元光墓志銘，
應寫於元光死後不久，其時未有江山、須江之名，《志銘》中出
現上距陳元光卒年幾十年乃至二百多年後才有的縣名，也是此《
集》作僞之明證。一些論者認爲，墓志銘「應葬於墓內，只要陳
元光墓未被盜掘，他人是無法見到墓志銘的。」因此，按語中的
《志銘》不是墓志銘，而是「指方志、族譜、家乘之類的記載」
①。此說實難服人。按墓志銘簡稱爲墓志、志銘，或徑稱爲志，

是古今慣例，而以「志銘」代指「方志、族譜、家乘之類」，實所未見。且墓志銘本為頌揚死者功德而作，皆欲其廣為流傳，所以，雖然將志文刻石，埋於墓內，其底稿卻例被傳抄，作者還往往將它編入文集。我們今天讀到的唐人文集中就有不少墓志銘，《文苑英華》中編入的墓志銘多達35卷，難道這些墓志銘都是盜掘了原墓之後才為人所見的嗎？

另有一些論者認為，按語所引《志銘》固然指陳元光墓志銘，「但文字並非照錄墓志銘的銘文，而是寫附語的人因恐後人不理解這兩首詩創作的背景，所以便將墓志銘所提及的內容用自己的語言加以組織和表述。」②此說似乎有理，但結合《龍湖集》所從出之陳氏族譜來看，則又不然。通觀這些陳氏族譜，其記述陳政、陳元光事蹟的用語，於地名和職官喜用古稱。例如綏安是南朝縣名，隋代已廢，但《譜》中仍稱陳政出鎮綏安，並不因恐後人不理解而改作後代習用名稱。又如循州是唐代州名，別駕、司馬、校尉、隊正、火長等是唐代職官名稱，宋以後都已廢而不用，《譜》中亦仍其舊，並不隨時改易。因此，按語引《志銘》而出現江山、浦城縣名，應是編纂者不黯地理沿革所致，不可能是為了幫助後人理解而有意改動。再者，陳元光墓志銘是否實有，也大可懷疑。倘若真有，那它對陳元光的家世，爵里、生平事蹟、生卒時間等一定有詳細記載，後世子孫一定視為至寶，收入譜中。但除了這兩首詩後的按語中含糊提到「志銘」之外，諸譜及各有關志乘均隻字未提，以致各譜各志關於陳元光家世、生平的記述互相抵牾。所以此處「按志銘」云云，疑為出自編者的虛構。虛構的東西總不能做到天衣無縫，江山、浦城之名出現在「志銘」中，便是它露出的馬腳。

2.人物職官的問題

　　《集》中三賦之後又有「左拾遺裴行立評」。拙作指出，裴行立生於陳元光卒後六十餘年，不可能以主司的口吻評贊此賦，且裴行立亦未歷官左拾遺。論者置「不可能以主司的口吻」、「不曾任左拾遺」兩點於不顧，認爲這也是「後人評鑑前人詩賦」，性質與「汝寧刺史鄭批詞」相似。但是，論者又忽略了，陳氏族譜和康熙《漳浦縣志》中，都有陳元光疏請建漳州時，「宰相、侍從官裴炎、婁師德、裴行（《漳浦縣志》誤刻作「所」）立、狄仁傑等議，以爲是」的記載③，明明是把裴行立當作與陳元光同時的宰相或侍從官；其評語「無幼衝之嫩語」云云，也明明是長輩評贊後學的口氣，又豈能曲解爲「後人評鑑前人詩賦」？再說，評語中「河南天地陰陽之和，此賦洩其英矣」一語，與「汝寧刺史鄭」一樣，把屬於淮南道的光州誤作屬於河南。裴行立唐代大臣，怎麼能產生此類地理概念的錯誤？

　　《和王採訪重九見訪》一詩的問題，關鍵是唐代採訪使始置於何年。有人認爲，兩晉時即已有採訪使之官，如石崇就曾任交趾採訪使。其後隋襲此制，唐承隋制，因此，漳州建州後，朝廷便派姓王的採訪使來考核陳元光的政績④。這種說法牽強至極。且不說石崇任交趾採訪使一事於史無徵⑤，僅就其以隋襲兩晉南北朝之制，唐承隋制來層層推斷唐初也有採訪使而言，也未免失之主觀，事情遠不是那麼簡單。關於唐代採訪使始置的時間各書說法不一，最早記載採訪使設置情況的典籍是成書於貞元十七年（801年）的《通典》。其卷32《職官十四》載：「神龍二年（706年）二月，分天下爲十道，置巡察使二十人……（開元）二十二年，改置採訪處置使，理於所部之大郡。」五代時成書的《

唐會要》所載同此，北宋時成書的《新唐書》所載則略有不同：
「……開元二年，日十道按察採訪處置使，至四年罷……二十年，
日採訪處置使……」⑥其他五代、宋元文獻記載此事者尚有《舊
唐書‧地理志》、宋‧趙彥衛《雲麓漫鈔》、鄭樵《通志》、馬
端臨《文獻通考》。其於採訪處置使的始置時間，或日開元二十
一年，或日開元二十二年，微有不同，但不論是哪一種說法，都
是在陳元光卒後。唯有《舊唐書》卷99《張嘉貞傳》提到「長安
中（701—704）侍御史張循憲爲河東採訪使」。但這一記載可能
不確，故爲《新唐書》不取，《新唐書》記同一事改作：「長安
中，御史張循憲使河東。」即使《舊唐書》所記不誤，也只能是
一個特例，其時全國範圍內未有採訪使制度，已爲各種政書和正
史的專志所反覆論證，故爾《和王採訪重九見訪》一詩，將陳元
光死後才有的採訪使搬來與陳元光唱和，顯然是作偽者疏於唐制
而出現的謬誤。

3. 名物、制度的問題

　　唐代兵符初用銀菟符，爲銀質虎形；後改銅魚符，乃銅質魚
狀。從未用過銅質虎形的銅虎符，而《喜雨次曹泉州》之二卻出
現了「銅虎謹深懸」的詩句，這是不是名物、制度的謬誤呢？論
者以爲，這一詩句只是用典，是泛指，不是實指，因此，並無名
物、制度之謬，倒是筆者不懂詩歌的修辭方法。但是，用典盡可
用竹符、剖竹之類一般詩文常用的詞，如郎士元《送陸員外赴漳
州》詩，有句云「剖竹海邊州」（《全唐詩》卷248）；《唐會
要》卷46「封建雜錄」論地方官，謂「刺郡分竹，何代無人」，
都是唐代詩文用典指代刺史的典型例子；另外傳爲陳元光作的《
太母魏氏半徑題石》一首，有句云「竹符忠介凜」，都合乎用典

通例。這裡卻具體寫到符的質和形，既不合用典通例，又違背唐代制度，還犯了廟諱，所以這一問題還是作偽者不黯唐制所致，不是以「用典」就能掩飾得了的。試問，在唐代詩歌中，能夠舉出用「銅虎」來泛指兵符的實例嗎？

4.犯諱的問題

對於《龍湖集》中的嚴重犯諱情況，論者以「詩書不諱，臨文不諱」「唐代避諱不嚴格」等為之辯解，甚至有人乾脆說，以避諱字（筆者按：應為犯諱字）作為鑑別詩篇真偽的標準，是不妥當的⑦。因此，我們還得先搞清什麼是避諱？避諱學在古籍研究中有何作用？

陳垣先生的《史諱舉例》，是避諱學研究的集大成之作。該書寫道：

> 民國以前，凡文字上不得直書當代君主或所尊之名，必須用其他方法以避之，是之謂避諱。避諱為中國特有之風俗，其俗起於周、成於秦，**盛於唐宋**。其歷史垂二千年，其流弊足以淆亂古文書。然反而利用之，則可以解釋古文書之疑滯，**辨別古文書之真偽及時代**，識者便焉……研究避諱而能應用之於校勘學及考古學者，謂之避諱學。避諱學亦史學中一補助科學也。（作重號為引者所加）

書中還特列專節，論述「不講避諱學之貽誤」「因犯諱斷定訛謬例」、「因犯諱或避諱斷為偽撰例」、「唐諱例」。可知避諱主要就是文字上避當代君主及所尊之名，避諱之俗盛於唐宋，利用避諱學可以鑑別古文書（包括詩賦集）之真偽及時代。所謂只有「有關國家典章制度、物名、人名」才要避諱，「文學作品遣詞用字」不須避諱⑧；「唐代避諱不嚴格」⑨；不能「以避諱字作

爲鑑別詩篇眞僞的標準」云云，都是毫無根據的。

　　至於「詩書不諱，臨文不諱」，是對於諱法的兩條特殊規定，始見於《禮記》卷 5《曲禮上》，其《正義》引呂大臨曰：「教學必以《詩》《書》，有所諱則學者終有惑也。」《通論》又引李格非曰：「《詩》云：『駿發而私』，箕子爲武王陳《洪範》云：『而邦其昌』。是文（周文王）、武（周武王）之名，《詩》、《書》不諱也。」這裡說明在教學《詩經》、《尙書》時，爲了保證經典著作意義的準確無誤，要採取不加避諱的特殊做法。李格非還從《詩經》、《尙書》中各舉了一例，說明在《詩》、《書》中，對於周文王的名字昌、周武王的名字發，都不避諱。可見「詩書」是特指《詩經》、《尙書》。有人把它解爲一般的詩賦、書籍，是誤解。

　　「臨文不諱」的「文」，也是指舊典文字，「臨」是繕寫，不能解作撰寫文章或「文學作品的遣詞用字」。《通典》解釋這一條的意義時，引唐高宗顯慶五年正月詔有云：「自今以後繕寫舊典文字，併宜使成，不須隨義改易。」⑩朱熹注《論語》、《孟子》，正文遇廟諱，則缺筆而不改字。注則無不避者。其注《易》亦然⑪。俱可證。因此，「詩書不諱，臨文不諱」的條文，並不能說明唐人寫詩可以不遵守避諱律令。

　　有人舉出唐詩中許多所謂「犯諱」的例子，如犯「虎」字有李白的「虎符合專城」，杜甫詩中虎字凡七十九見；犯「旦」字有駱賓王的「一旦先朝菌」、陳子昂的「月旦諸子」、張說的「日月千齡旦」；犯「世」字有陳子昂的「舉世莫知眞」等等。其實，所舉諸例並沒有犯諱，茲分別說明如下。

　　李、杜等人詩中的虎字，屬於已祧不諱。按廟諱是皇帝七廟

各神主的名諱。皇帝七廟由太祖和三昭三穆構成。太祖是開國皇帝，在唐代就是高祖李淵，居於七廟之中，昭、穆則由當朝皇帝往上推，第二、四、六代祖爲昭，依次排列在太祖廟的左側；第三、五、七代祖爲穆，依次排列在太祖廟的右側。太祖廟是不遷的，三昭三穆則隨世次的推移而改變。凡新帝繼位，依制將超過七世的祖宗神主遷出七廟，藏於祧。已祧的神主，其名不諱。李虎是高祖李淵的祖父，在陳元光的時代，李虎廟在七廟之中，其名應諱；到了肅宗、代宗時期，李虎廟已祧，李、杜在這個時期寫的詩，就不必再諱虎字了。

　　旦字算不算犯諱，也要看作詩的具體時間而定。按李旦在帝位凡兩次。第一次是在文明元年（684年），中宗被黜，則天臨朝，立李旦爲傀儡皇帝，時僅數月，亦被武后廢去。第二次在景雲元年（710年）。故凡在景雲元年之前，又不是在文明元年李旦初登帝位那幾個月所作的詩，依律不必諱旦字。陳子昂卒於聖歷中（698—699年），駱賓王在光宅元年（684年）徐敬業起兵被討平後即亡命不知所之。他們的詩當然都是在李旦第二次爲帝之前寫的。張說活動於武后至玄宗朝，武后、中宗時已位至高官。他的詩出現旦字者，也可能是李旦第二次爲帝前寫的。這些詩只要不寫於文明元年李旦在帝位那幾個月，出現旦字皆不犯諱。

　　至於世字，因有二名不偏諱之律，也不算犯諱。二名不偏諱之規定亦始見於《禮記·曲禮》，鄭玄注曰：「偏，謂二名不一一諱也。」李世民登位後，曾重申二名不偏諱之律，其武德九年六月令曰：「依《禮》，二名不偏諱。近代以來，兩字兼避，廢闕已多，率意而行，有違經典。其官號、人名、公私文籍，有世、民兩字不連續者，並不須諱。」⑫雖然，兼避二名的風俗並未因

這一紙令文而頓改,但既有此令,公私文籍中分別出現世字、民字,終究是於法無違。所以此後有人沿舊習繼續偏諱世、民兩字,也有人遵新令而不偏諱世、民兩字。《龍湖集》則不然,其《教民祭蠟》一首,有句云「祈禳稱世世,民社兩無違」,在古代不用標點的情況下,屬於世、民兩字連續出現而不避,當然是屬於犯諱。

有人還引清人施鴻保《讀杜詩注》(按:應爲《讀杜詩說》)之說來爲犯諱問題辯解,引曰:「杜詩中若虎字,自曲江三首『看射虎終殘年』句至咏懷二首『虎狼窺中原』句,共七十九見。然『世』字也多不避,餘『顯』、『丙』、『淵』、『治』字,詩中尤多」⑬。似乎施鴻保的意見,是唐人寫詩不用避諱。其實,就在這段議論的最後,還有「同是本朝諱與御名,或避或不避,注皆不及,不知何說?」⑭之語。顯而易見,施鴻保只是由於不了解已祧不諱、二名不偏諱、不諱嫌名等避諱法則的特殊規定,對杜詩中那些他認爲該諱而未諱的情況感到不解發出疑問的,其本意仍是強調避諱的重要。引者顯然曲解了原文。

總之,論者舉出的種種理由,並不能開脫《龍湖集》的嚴重犯諱問題。

5.唐代漳州的氣候問題

《龍湖集》中有不少描寫漳州出現大雪堅冰的詩句,有人以唐代氣候比今天冷爲之辯解,認爲在「溫室效應」顯著的今天,漳州尚偶有降雪,唐代就更不待言了⑮。

我們知道,「溫室效應」是60年代才提出的新理論,說的是由於工業的發展,排放二氧化碳過多而使地球氣溫緩慢變熱的問題。關於現在「溫室效應」是否顯著,以及目前氣溫演變的趨勢

是變熱還是變冷，科學界還存在不同的意見。即使溫室效應理論能夠成立，它最多只能解釋幾十年來或最多近百年來的氣溫變化情況，自唐代至本世紀初，中國並不存在什麼「溫室效應」的問題，由「溫室效應」而斷言唐代氣候比今天冷，這是一種主觀臆斷。

　　唐代的氣候到底比今天冷，還是比今天熱？空言無益，我們還是看看科學家們的研究成果。著名氣象學家竺可楨對於中國近五千年來氣候的變遷情況作了傑出的研究。他利用我國古代文獻中豐富的物候資料，又借鑑了日本、歐洲學者的研究成果，還結合雪線升降測定、冰川的放射性同位素研究等現代科學研究方法，取得了卓越的成績，寫出了《中國近五千年來氣候變遷的初步研究》。他研究的結論為其他科學家如周昆叔、賈蘭坡等人的研究所驗證。中國科學院組織編寫的《中國自然地理・歷史自然地理》一書中，「歷史時期的氣候變遷」一節，就是以竺文為基礎寫成的。竺文認為：「中國氣候在第七世紀的中期變得和暖，西元650、669和678年的冬季，國都長安無雪無冰……從八世紀初到九世紀中期，長安可種柑桔並能結果實。」⑯他還畫了一張「一千七百年來世界溫度波動趨勢圖」，（見附圖）從圖中可以清晰地看出，七世紀末八世紀初，即陳元光在漳州活動的時期，是中國歷史上的高溫期，年平均溫度約比今天高1℃。那麼，當時漳州及其周圍地區的情況是否特殊呢？根據古代文獻提供的資料，唐代漳州及其相鄰地區也比今天暖和，其氣候演變趨勢與全國一致。例如，唐人劉恂《嶺表錄異》卷上載：「廣之屬潮、循州多野象。」宋人彭乘的《墨客揮犀》載：「漳浦縣地連潮陽，素多猛象，往往十數為群。」⑰宋人葉廷珪的《海錄碎事》則載：武

平縣有象洞，「洞未開時，群象止其中。」⑱象是熱帶動物，它
們的行蹤可證當地氣溫情況。又如，陳元光僚屬丁儒有詩云：「
天涯寒不至，地角氣偏融」、「正值嚴冬際，渾如春晝中」⑲。

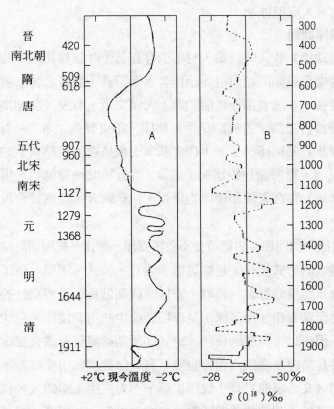

一千七百年來世界溫度波動趨勢圖

圖三　一千七百年來世界溫度波動趨勢圖
　A 從中國物候所得結果　　B 從格陵蘭冰塊所得結果
　δ（0^{18}）增加 0.69‰ 則氣溫增加 1℃

文宗時詩人包何《送李使君赴泉州》詩云：「連年不見雪，到處即行春」⑳。此外，《臨海水土志》、《嶺外代答》等書，也屢有關於自福州以南，至兩廣地區在北宋以前「常燠」、「無霜雪」的記載㉑。這些，足可證明，唐代漳州氣候比現在還要暖和。既如此，何來大雪堅冰？

6.韻律問題

《龍湖集》收入的詩篇，有不少存在著不叶聲律和韻律的問題。但考慮到這類問題尚可委諸作者水平不高，故筆者曾欲置而不論。現在一些論者卻在這個問題上大做文章，有說《龍湖集》之詩「皆為古體詩。古體詩是不拘格律、不束聲病」者㉒，有說「《龍湖集》屬排律詩」，「作者基本上嚴格遵照『粘對』的聲調平仄規則，對押韻也很講究」者㉓，儘管彼此意見抵牾，但都否定該《集》存在聲律和韻律的錯誤。孰是孰非，也應該分說清楚。

先說第一個問題：古體詩要不要講聲律、韻律？按所謂詩律，講的是詩歌的形式規律，包括詩體、語言、句式、用韻、平仄等等。作家依照漢語聲調的特點，安排一種高低長短互相交替的節奏，就是所謂聲律。而韻律，是專指詩律中的用韻規律。古代的詩歌，不但唐以後興起的律詩、絕句即所謂近體詩要講究聲律、韻律，就是詩經及漢魏六朝詩也無不有一個聲調和用韻問題。南朝劉勰的《文心雕龍》有「聲律」篇，王力先生主編的《古代漢語》，把漢魏六朝詩的語言特點、句式、用韻、及唐詩（包括古風、樂府）的用韻、平仄等內容同置於「詩律」題下加以論述，都說明聲律、韻律不是專指近體詩而言，古體詩同樣有這個問題。不同的僅僅是古體詩聲律、韻律寬簡，近體詩則相當嚴格而已。

那末，第二個問題，《龍湖集》是否「對押韻也很講究」呢？讓我們試舉幾例，略加分析。

例一，《龍湖公祀后土》。此詩十二句，韻腳是碧、續（有的本子作「績」）、德、益、格、億。有人認為，「依《唐韻》」，這六個韻腳「也並無出韻」㉔。所據《唐韻》，不知何書？筆者孤陋，未之前聞。只知隋代陸法言所著《切韻》盛行於唐，此書分韻凡206部，因過於繁細，唐代規定相近的韻可以「同用」。後來南宋成書的《平水韻》，遂把「同用」的韻合併，成為107韻，又減為106韻，一般叫作「詩韻」。「唐代詩人雖然不是依照平水韻用韻的，但是他們既然依照『同用』、『獨用』的規則，那麼平水韻正可以用來說明唐人的用韻。」㉕據平水韻，碧、益、格三字屬入聲「十一陌」部；德、億兩字屬入聲「十三職部」；續字屬入聲「十二錫」部，若是績字，則屬入聲「二沃」部。在已經將「同用」之韻合併了的平水韻系統中，六個韻腳尚且分屬三個韻部，能說是「並無出韻」嗎？

例二，《旋師之什》。此詩十六句，韻腳是至、義、豕、紀、雨、旅、死、武。在平水韻中，至、義二字屬去聲「四寘」部；豕、紀、死三字屬上聲「四紙」部；雨、武兩字屬上聲「七麌」部；旅字屬上聲「六語」部。不但八個韻腳分屬四個韻部，而且跨了上聲和去聲兩個大類，出韻就更嚴重了。

其他如《語州縣諸公敏績》二首，第一首韻腳分屬下平「八庚」、「九青」、「十蒸」三部；第二首韻腳分屬上平「七虞」、「四支」、「六魚」三部。《觀雪篇》韻腳分屬入聲「九屑」、「六月」兩部。似此出韻的情況，在《龍湖集》中還可舉出許多，怎能說「對押韻也很講究」？

　　通過以上的分析，可知《龍湖集》在以上六個方面確實存在著嚴重的問題。論者爲之辯解的理由都不能成立，《龍湖集》的這些問題是無可掩飾的。

二、陳元光著《龍湖集》之說從來未爲社會認可

　　《龍湖集》中既然存在著那麼多不合唐代制度、史實和唐人習慣的問題，本來已經可以斷定它是一部後人僞托之作。但是，有人提出，陳元光著《龍湖集》是傳統認可的，否定《龍湖集》爲陳元光所作便是「反傳統」㉖；也有人說，《龍湖集》是「歷史上遺留下來的文字資料」，雖然它「確實存在許多疑點」，但那可能是「歷經後人輾轉傳抄」而出現的「魯魚亥豕之訛」，不能因此而全盤加以否定㉗。在這些說法中，「魯魚亥豕之訛」云云，純屬遁詞，我們指出的《龍湖集》的錯誤，都是時代性的錯誤，即陳元光或其同時代人根本不可能出現的錯誤，已如前述，不再多贅。但傳統觀點、歷史資料云云，卻有一定的迷惑性，必須加以澄清。

　　我們知道，陳元光在漳州和潮州地區，甚至在福建和廣東兩省，是一位著名的歷史人物。他的事蹟、佚聞，爲這一區域的百姓所樂道，也是文人學士喜歡論及，甚至形於篇咏的題材。倘若他真的著有詩文，並且編撰成集，一定會在文獻記載上留下痕跡；儘管古代文獻歷經劫難，散佚已多，但關於陳元光的記載幸而遺存不少，宋代以後更有與時俱增的趨勢，因此，倘若他真有詩文傳世，有關記載中，定然仍有蹤跡可尋。

　　那麼，就讓我們在浩瀚的古籍中，對陳元光是否著有《龍湖集》的情況作一番搜尋。

　　先看唐以降的官修和私撰的目錄著作。在眾多的官、私目錄著作中，涉及唐代著述情況者，有唐開元間編成的《群書四部錄》、《古今書錄》，五代時成書的《舊唐書‧經籍志》，北宋時成書的《新唐書‧藝文志》、《崇文總目》；南宋時成書的《中興館閣書目》、《中興館閣續書目》、《郡齋讀書志》、《直齋書錄解題》、《遂初堂書目》、《通志‧藝文略》，元代成書的《文獻通考‧經籍考》、《宋史‧藝文志》；還有明清兩代的各種私家藏書目錄如明祁承爜《澹生堂藏書目》、周弘祖《古今書刻》，清錢曾《讀書敏求記》等等。遍檢這些官私目錄著作（有的原書已佚，但有輯本），俱未見載《龍湖集》一書。這些書目分別修於唐宋元明清各朝代，成於眾多不同學者之手。倘若陳元光確實著有《龍湖集》，或者說陳元光著有幾十首詩、賦，生前未曾結集，由後人編纂成集，題以《龍湖集》之名，照理說，那麼多不同時代不同作者修成的書目是不應都漏載的。其中特別值得注意的是陳振孫《直齋書錄題解》和鄭樵《通志‧藝文略》二書。按陳政、陳元光父子曾在莆田屬邑仙游活動，後來邑人即其舊居為之立廟奉祀㉘。而陳振孫曾在莆田任官多年，鄭樵就是莆田人。陳、鄭都是博聞勤學之人，於搜羅民間逸書（包括未刻印的手寫之書和未獨立結集散在譜牒之中的書）不遺餘力。鄭樵還格外關心漳州地區的藏書情況，對漳浦吳與家藏書籍尤為熟悉㉙。他們兩人自應知悉陳元光事蹟，陳元光若果有著作，那怕是未曾刻印的手寫之書，無疑會反映在他們所著的《書錄解題》、《藝文略》中。遺憾的是，連他兩人的著作中，也找不到陳元光有所著述的痕跡。

　　再來看看唐以降歷代的叢書。遍檢元明至近代刊行的叢書二、

三千種，竟也尋覓不到陳元光著書的蹤跡。其中，在編撰中國歷
史上規模最大的叢書《四庫全書》時，根據乾隆皇帝的詔令，動
員了各省地方官採集圖書，又號召民間藏書家進獻圖書，原藏於
官府的圖書更無例外地被包容在內。倘若當時陳氏後裔藏有陳元
光的《龍湖集》，自然會獻上以光宗耀祖。但在《四庫全書》的
《總目提要》、《簡明目錄》，以及各種違礙書目、禁毀書目中，
仍然沒有《龍湖集》的消息。看來，這部被人譽為「初唐詩歌革
新運動在南方的一面旗幟」、「南方邊塞詩」的典範的重要著作，
迄至乾隆時期尚未問世。

　　如果說，《龍湖集》只載於族譜之中，而族譜又被視為宗族
中的「聖書」而被族中長者深藏密局，不易為外人知道，故全國
性的目錄著作和叢書未加錄載的話，那麼，關於陳元光的記載「
據家譜書之」的地方史志，總應該著錄《龍湖集》的書名和具載
其中的詩賦了吧？但是，正如《〈龍湖集〉的真偽與陳元光的家
世和生平》中所考察的，廣東、河南兩省的史志從未記載陳元光
的著述，福建的各級史志，迄至明代萬曆初年，亦尚無陳元光詩
文的記載，只是在明末清初撰成的若干省、府、縣志中，開始出
現陳元光著《玉鈐集》之說，並錄載了陳元光文二篇，詩七首。
後來這二篇表文和七首詩中的五首分別被收入《全唐文》、《全
唐詩》及其《外編》中。或許這二文七詩，就是所謂《玉鈐集》
的內容吧。至於《龍湖集》，則始終不見記載於任何一種版本的
福建地方志書中，連光緒三年（1877年）修成的最晚一部《漳州
府志》、光緒十九年（1885年）修成的最晚一部《漳浦縣志》、
民國二十七年（1938年）年修成的最晚一部《福建通志》，以至
民國三十六年（1947年）修成的最晚一部《雲霄縣志》中，都集

字未曾提及。

　　我們還查證了漳州地區的先賢著述，以及曾較長時間在漳州地區為官、講學的歷史名人的著述，如周匡物、潘存實、吳輿的遺篇，朱熹、陳淳、劉克莊的文集等，也未見片言隻語涉及《龍湖集》者。如此事實，只能說明，自唐至民國初年的傳世文獻中，從來沒有人認為陳元光曾著過一部《龍湖集》。

　　今天大家見到的《龍湖集》，最早見於民國四年（1915年）陳有國編纂、檳城緞羅申鴻文石印的《陳氏族譜》和民國五年陳禎祥纂成、廈門新聲藝術社印行的《陳氏開漳族譜》中，原題為《龍湖公全集》。近幾年才有人把它抄出，擅自改題為《龍湖集》。漳州市歷史研究會刊印的《龍湖集》，就是據上述兩譜整理並採納了改題之書名的。但在上述兩譜編成刊行之後，晚出的各種方志，以及現代的學者如研究福建地方史多年的傅衣凌、朱維幹教授等人，雖然都注意到這些陳氏族譜，有的還採用了陳氏族譜中的某些資料，卻仍對《龍湖公全集》不置一詞，便只有一種可能，那就是認為該集不足置信。

　　如此看來，怎麼能說陳元光著有《龍湖集》是傳統觀點呢？至於說《龍湖集》是「歷史上遺留下來的文字資料」，充其量也只能說它是僅有百年左右歷史的民間文字資料。它從整體上來說，是晚近之人（大體上可推定為清末民初）杜撰而托名陳元光的偽托之作。至於《集》中是否有個別幾首詩確為陳元光所作，那是另外一個問題，有待進一步深入研究。

【附　註】

①⑳　歐潭生、盧美松：《〈龍湖集〉真偽和陳元光祖籍問題——駁〈

龍湖集〉偽託說和陳元光祖籍廣東揭陽說》。按此文經修訂、改題後已刊於《福建論壇》91年1期。

②⑦　湯漳平、劉重一未刊稿《初唐詩風與嶺南詩人──兼論〈龍湖集〉的眞偽問題》。

③　康熙《漳浦縣志》卷19「叢談」。按裴炎、婁師德、裴行立、狄仁傑四人，當陳元光請建漳州時，或已死，或尙在外任，或尙未出生。譜、志述古之妄，於此可見。

④⑨⑬⑮㉓㉖　何池未刊稿《也談陳元光籍貫生平與〈龍湖集〉眞偽──兼與謝重光先生商榷》。

⑤　石崇任交趾探訪使一說，見於《辭源》（商務印書館1980年版）「探訪使」條，應是出自《綠珠》之類的筆記小說，然考《晉書·職官志》、《石崇傳》及《通典·職官典》，俱不載此事。

⑥　《新唐書》卷49下《百官下》。

⑧㉒㉔　張耀堂《陳元光籍貫身世考辨及其他》，載《中州學刊》90年5期。

⑨　《通典》卷104「禮64」引。

⑪　《史諱舉例》第五十九「已避而以爲未避例」。

⑫　《舊唐書》卷2《太宗紀上》。

⑭　清·施鴻保《讀杜詩說》卷24。

⑯　《考古學報》72年1期。

⑰　康熙《漳浦縣志》卷19引。

⑱　康熙《武平縣志》卷1引。

⑲　丁儒《冬日到泉郡進次九龍江與諸公唱和十三韻》，載《白石丁氏古譜》。

⑳　《全唐詩》卷208。

㉑　參見《中國自然地理・歷史自然地理》第22頁所論。

㉕　《古代漢語》（王力主編）下冊第二分冊第十三單元「古漢語通論
　　・唐詩的用韻」。

㉘　南宋寶佑《仙溪志》卷 9。

㉙　康熙《漳浦縣志》卷19「雜志・吳奉議書室」。

（原載《福建論壇》（文史哲版）91年 4 期）

叁、《全唐文》所收陳元光
表文二篇係偽作考

清代編纂成書的《全唐文》，由於編者鑑別不精，多有後世偽作混入。對此情況前賢已多論列，有不少偽作已被人們認清其作偽的眞面目。但也還有一些偽作，其作偽之迹至今尚未爲人們識破，還被人們奉爲唐代寶貴史料而反覆引用，其貽誤學術貽誤世人之弊實非淺鮮。第一百六十四卷收入的所謂陳元光表文二篇，就屬於這種情況。特此詳加考辨，以明其偽。

一、從唐代職官制度看兩表之偽

題爲陳元光所作的這兩篇表文，一爲《請建州縣表》（下文簡稱《請表》）一爲《漳州刺史謝表》（下文簡稱《謝表》）。按陳元光事蹟，兩《唐書》和《資治通鑑》俱不載。唯唐人張鷟的筆記《朝野僉載》稱其爲「周（武周）嶺南首領」①，唐代著名譜書《元和姓纂》將其列入諸郡陳氏，稱爲「右鷹揚將軍」②。把這兩則簡短的唐代記載綜合起來，再聯繫到宋人稱陳元光「以布衣起兵，遂平潮州」③，可知陳元光是唐代武則天稱制時由嶺南地方首領起家的一名中級武官。而上述兩篇表文卻爲陳元光列出了一大通官階。《請表》所列爲：「泉潮守戍、左玉鈐衛翊府左郎將」（此爲永淳二年八月一日之前官階）；「正議大夫、嶺南行軍總管」（此爲所謂永淳二年八月一日制書所加之官）。《謝表》所列爲：「左玉鈐衛翊府左郎將，進階前正議大夫、嶺南行

軍總管」（此爲永淳二年八月一日後，垂拱四年六月二十九日前
之官）；「中郎將、右鷹揚衛率府、懷化大將軍、輕車大都尉、
兼朝散大夫、持節漳州諸軍事、守漳州刺史、贊治尹、營田長春
宮使者」（此爲垂拱四年六月二十九日新授之官）。姑不論兩表
所載與《朝野僉載》、《元和姓纂》不合，即以兩表自身的記載
而言，也是自相矛盾，且與唐高宗、武后時期的職官制度大相徑
庭。茲就兩表所列陳元光職銜的主要問題分別辨證如下：

1.「泉潮守戍」問題。

「泉潮守戍」指戍守泉潮地界的戍主。按唐代設制的屯兵守
境之戍有上中下三等，職階分別爲正八品下、從八品下、正九品
下④，都屬於低級武職。而後列的「左郎將」卻是正五品上的中
級將官⑤。在上奏皇帝的表章中，決不可能出現這種將低級武職
與中級將官並列的具銜形式，此其謬誤之一。

再者，「泉潮守戍」之「泉」指泉州，「潮」指潮州。唐高
宗、武后之世，泉州治今福州，轄境包括今閩北以外的福建廣大
地區⑥。潮州則包括今粵東的汕頭和梅州地區⑦。鎮守這一廣大
區域的任務應是都督、總管一類的高級將官之職，決非職位卑微
的戍主所能勝任，此其謬誤之二。

或許有人會說，「泉潮守戍」不是指戍守泉、潮二州，只是
指戍守泉、潮之交的某一要衝。這種辯解也是說不通的。在唐代
官私文書中，凡兵府、軍鎮及諸戍、烽等軍事單位，都有具體名
稱。這種情形在敦煌、吐魯番文書中反映得最爲清楚。例如西州
都督府下有赤亭鎮、柳谷鎮、白水鎮等鎮，又有銀山戍、方亭戍
等戍⑧。其銀山戍、方亭戍都是西州屬下某一具體地域的戍。不
能把這一類的戍稱爲西州守戍，更不能稱爲西沙（西州和沙州）

守戍。同理，泉州或潮州屬下的某戍也各有專名，不能稱為泉州守戍、潮州守戍或泉潮守戍。總之，「泉潮守戍」的提法，決非唐人所撰唐文可能出現的錯誤，它只能出自後世不黯唐制之人的偽托。

2. 玉鈐衛的問題

《請表》開頭所具職銜之一「左玉鈐衛翊府左郎將」，據表文是陳元光在永淳二年（683年）八月一日之前的官職。但據《唐六典》和兩《唐書》的職官志、百官志，玉鈐衛的名稱卻是光宅元年（684年）之後所改。此衛在唐初曾稱領軍衛，龍朔二年（662年）改稱戍衛，光宅元年改為玉鈐衛，至神龍元年（705年）復改為領軍衛。准此，在光宅元年之前，神龍元年之後都不可能有玉鈐衛之稱。《請表》硬要陳元光自稱在光宅元年之前任左玉鈐衛翊府左郎將，晚近流傳在閩南地區的陳氏族譜和某些方志還說陳元光之父陳政在唐高祖之時就「以從征功拜玉鈐衛翊府左郎將」，都與史實牴牾，顯然也是後世無識之徒所偽托。

3. 嶺南行軍總管問題

兩表都提到陳元光在永淳二年八月被「進階」為嶺南行軍總管，《全唐文》的編者在兩表之前所附陳元光的小傳中，也稱陳元光「以左玉鈐衛翊府左郎將戍閩，遷嶺南行軍總管」。自此以降，有關譜、志無不稱陳元光曾任嶺南行軍總管，似乎陳元光曾任此職已成鐵案，細按史實，其實不然。

熟悉唐史的人都知道，行軍總管是唐前期遇有重大戰事時由皇帝臨時任命的統兵大將。在特別大的戰役中，也曾任命行軍大總管，下統若干行軍總管。即《通典》卷32「職官14」所謂「復有行軍大總管者，蓋有征伐則置於所征之道，以督軍事。」筆

者曾遍考唐代自武德元年（618年）至先天元年（713年）近百年間見諸史乘和墓志碑刻的行軍總管，行軍大總管，列表進行比較研究，（表見第41頁至50頁）發現唐代的行軍總管具有下述特點：

行軍總管屬於臨時差遣之職，事罷輒解，並非常設之官，因而並無一定的品級，無所謂「進階」、「遷」官，此其一。

行軍總管之設一般見於重大的征戰中，如唐初對國內割據政權的戰爭，後來對周邊強大民族或敵國的戰爭，以及武則天時期平定越王冲和徐敬業的戰爭，才拜命行軍總管、大總管。對付南方少數民族的騷亂，很少用到行軍總管這一形式。少數幾例如張士貴爲雅州道行軍總管、趙孝祖爲郎州道行軍總管平定西南叛蠻，乃是因爲這兩次蠻獠叛亂規模巨大，雙方投入的兵力都很多之故⑨。此其二。

被任命爲行軍總管者，大多是重臣、宿將，不少人還是現任的公卿、宰輔、皇親、國戚，次一些的也不失爲現職尚書、諸衛將軍，或者是事發地附近的都督、刺史。其官階都在三、四品以上，未見有四品以下官員被任命爲行軍總管的情況。此其三。

行軍總管或大總管的使職前通常要冠以某某道字樣，用來標示作戰的區域。如遼東道行軍總管，表示軍出遼東；滄海道行軍總管，表示橫渡滄海進軍；平壤道行軍總管，表示作戰區域在平壤附近。這裡的「道」並非江南道、河北道、嶺南道之類的按察區，而是比十道、十五道這類按察區範圍要小得多的地域名稱。此其四⑩。

對照這些特點，人們不難發現，陳元光遷任嶺南行軍總管云云，也是後世好事之徒編造出來的。這是因爲，根據傳世文獻和

唐行軍總管（大總管）一覽表

姓名	總管名稱	時間、事由	作戰規模	任總管前官位（官銜）	任總管前官位（品位）	事後官衔（官）	事後官衔（品位）	出處
李靖	行軍總管	武德四年(621)，圖蕭銑	鈗勝兵四十餘萬。靖一戰獲其舟艦四百餘艘，斬萬人及溺死將卒，再戰俘甲卒四千餘人。	開府	從一品散官	上柱國、永康縣公、檢校荊州刺史	上柱國正二品勳官，縣公、從二品爵	舊唐書卷67本傳
李靖	行軍總管	武德八年拒突厥	靖統江淮兵一萬，有諸軍配合	東南道行臺兵部尚書、檢校揚州大都督府長史	從三品職事官	檢校安州大都督	從二品職事	同上
李靖	靈州道行軍總管	武德九年，拒突厥	頡利可汗率兵入涇陽	檢校安州大都督	從二品職事官			同上
李靖	代州道行軍總管	貞觀四年(630)，圖突厥	靖奉驍騎三千深入	兵部尚書	正三品職事官	進封代國公	從一品爵	同上、年代據通鑑

姓名	行軍總管職	時間、事件	兵力、戰果	官職、爵	品級	拜官	品級	出處
李靖	定襄道行軍總管	貞觀四年，迎頡利可汗	靖選精騎一萬，斬萬餘級，俘男女十餘萬	兵部尚書、代國公	正三品職事官、從一品爵	拜尚書右僕射	從二品職事	同上
李靖	西海道行軍大總管	貞觀八年末至九年，征吐谷渾	統兵部尚書侯君集等五總管，殺傷甚眾，大破其國	特進、門下、中書平章政事	正三品文散官、宰相	官爵如故，至十一年，改封衛國公		同上
李孝恭	荊湘道行軍總管	武德四年，圖蕭銑	統水陸十二總管	親王、夔州總管	正二品爵、從三品職事	拜荊州大總管	從二品職事	舊唐書卷60本傳
李道玄	山東道行軍總管	武德五年，擊劉黑闥與突厥	道玄將兵三萬	淮陽王、洛州刺史	正一品爵、從三品職事事	贈左驍衛大將軍	正三品武職	舊唐書卷60本傳　通鑑卷190
李道宗	大同道行軍總管	貞觀三年，討突厥	與其他諸總管眾合十餘萬	任城王、靈州都督	正一品爵、正三品職事	召拜刑部尚書	正三品職事	舊唐書卷60本傳　通鑑卷193
柴紹	金河道行軍總管	貞觀三年，擊突厥	同上	華州刺史、左衛大將軍	從三品職事、正三品武職事官	貞觀七年加鎮軍大將軍	從二品武散官	舊唐書卷58本傳　通鑑卷193
李大亮	河南道行軍總管	貞觀八年末至九年，討吐谷渾	俘其名王、廣置雜畜五萬計	劍南道巡省大使，曾歷交、涼、楚州都督	正三品職事官	進爵為公，後拜左衛大將軍	從一品爵，正三品武職事	舊唐書卷62本傳

					正三品武職事	左監門大將軍	正三品職事	拜并州都督	舊唐書卷67本傳
李勣	行軍總管	武德八年,突厥寇井州,擊之			正三品武職事	左監門大將軍	正三品職事	拜并州都督	舊唐書卷67本傳
李勣	通漠道行軍總管	貞觀三年,至雲中與突厥戰	唐諸道兵衆合十餘萬,勣虜五萬餘口而還	并州都督	正三品職事	授光祿大夫	從二品文散官		同上
李勣	朔州道行軍總管	貞觀十五年,討薛延陀	敵八萬騎;戰名王一勝,俘獲首領人,虜五萬餘計	征拜兵部尚書	正三品職事	以功封一子爲縣公	正三品職事		舊唐書本傳言朔州行軍總管,通鑑卷196言朔州道行軍總管
李勣	遼東道行軍總管	貞觀十八年,征高麗	率步騎六萬,及蘭、河二州降胡	太子詹事兼左衞率,加位特進,同中書門下三品	正三品職事 / 正二品文散官,宰相	以功封一子郡公	正三品職事		舊唐書卷67本傳 通鑑卷197
李勣	遼東道行軍總管	總章元年(668),征高麗	率兵二萬略地至鴨綠水,攻克平壤,虜其王	開府儀同三司,知政事,司空	從一品文散官,正二品職事,宰相	加太子太師	從一品職事		同上

姓名	道行軍總管	時間、事件	俘獲	官爵	品級爵	備註	品級	出處
尉遲敬德	涇州道行軍總管	貞觀元年，突厥來寇，授總管以擊之		右武候大將軍，吳國公	正三品武職事 從一品爵			舊唐書卷68本傳
姜行本	行軍總管	貞觀十八年，征遼東		左屯衛將軍，金城郡公	從三品武職事，正二品爵	中流矢卒，贈左衛大將軍	正三品武職事	舊唐書卷59本傳 通鑑卷197
侯君集	交河道行軍大總管	貞觀十三年至十四年，平高昌	攻滅其國	吏部尚書、光祿大夫、陳國公	正三品職事、從一品文散官、從一品爵	以犯罪，不賞		舊唐書卷69本傳 通鑑卷195
薛仁弘	寶州道行軍總管	貞觀十四年，擊薛羅寶反擄	俘七千餘口	廣州都督	正三品職事	廣州都督、廣都公	正三品職事 從二品爵	通鑑卷195、196 元和姓纂卷7，新唐書卷222下
張　亮	滄海道行軍大總管	貞觀十八年，征高麗	帥江淮、嶺、硤兵四萬、長安洛陽募士三千、戰艦五百艘泛海	刑部尚書、參議朝政	正三品職事		正三品職事 宰相	舊唐書卷69本傳 通鑑卷198

姓名	道行軍職	年代、事跡	率軍	官職	品秩	結局	贈官	出處
薛萬徹	青丘道行軍大總管	貞觀二十二年，伐高麗	率甲士三萬泛海	右武衛大將軍	正三品武職事	因罪除名徙邊		舊唐書卷69本傳
郭孝恪	西州道行軍大總管	貞觀十八年，伐焉耆	率步騎三千破城，擒王、擄王，獲首虜七千級	金紫光祿大夫、安西都護	正三品文散官，正三品職事	旋討龜茲、戰死，追贈安西都護、陽翟郡公	贈從二品職事，正二品職事	舊唐書卷83本傳 通鑑卷197
程知節	葱山道行軍大總管	顯慶二年(657)，討賀魯		左衛大將軍、盧國公	正三品武職事、從一品爵	卒贈驃騎大將軍，益州大都督	贈從一品武散官	舊唐書卷68本傳
裴行儉	定襄道行軍大總管	調露元年(679)，禦突厥	敵數十萬，行儉所部五十萬以上	禮部尚書、兼檢校右衛大將軍	正三品文職及武職			舊唐書卷84本傳
裴行儉	金牙道(行軍)大總管	永淳元年(682)，討十姓偽可汗反叛	率十將軍出征（師未行而行儉卒）	同上官，並封聞喜縣公	封從二品爵	贈幽州都督		同上
丘神勣	清平道行軍大總管	垂拱四年(688)，討越王沖		左金吾衛大將軍	正三品武職		贈從二品職事	舊唐書卷76、大宗諸子越王沖傳，新唐書卷4

姓名	職務	時間、事件	統兵	官職	品級	後續	品級	出處
王孝傑	瀚海道行軍總管	延載初(694)，討默啜		夏官尚書，同鳳閣鸞臺三品	正三品職事宰相			舊唐書卷93本傳
王孝傑	朔方道行軍總管	證聖元年(695)，擊突厥		同上		坐與吐蕃戰敗免官		同上及通鑑卷205
武攸宜	清邊道行軍大總管	萬歲通天初(696)，討契丹		建安王、同州刺史	正一品爵 從三品職事	左羽林大將軍	正三品武職	新唐書卷131外戚傳
唐休璟	朔方道行軍大總管	景雲元年(710)，備突厥		太子少師、同中書門下三品、拜特進	從二品職事，宰相 正二品文散官	致仕		舊唐書卷93本傳
王晙	朔方道行軍大總管	開元三年(715)，討突厥		幷州大都督府長史左散騎常侍	從三品職事 從三品文散官	遷御史大夫	從三品職事	舊唐書卷93本傳
劉審禮	行軍總管	儀鳳二年(677)，禦吐蕃	統軍十幾萬	工部尚書兼檢校左衛大將軍	正三品文武職事	卒，贈工部尚書	贈正三品文職	舊唐書卷77本傳
韋待價	燕然道行軍大總管	垂拱元年(685)，禦突厥		天官尚書，同鳳閣鸞臺三品	正三品職事宰相	文昌右相、同鳳閣鸞臺三品	從二品職事宰相	舊唐書卷77本傳

韋待價	安息道行軍大總管	垂拱三年(687)，討吐番	督三十六總管共進軍	文昌右相，同鳳閣鸞臺三品	從二品職事，宰相	軍敗，除名	舊唐書卷77本傳
薛懷義	代北道行軍大總管，改朔方道行軍大總管	長壽二年(693)	統十八將軍討擊	右衛大將軍，鄂國公	正三品武職，從一品爵	同前	舊唐書卷183本傳
武懿宗	神兵道（大行軍）大總管	神功元年(697)，討契丹孫萬榮	統兵二十萬	郡王、司農卿、洛州刺史	從一品爵，從三品職事		新唐書卷206外戚傳
張士貴	龔州道行軍總管	貞觀七年(633)平東西玉洞反獠		右屯衛大將軍	正三品武職		新唐書卷92本傳
張士貴	雅州道行軍總管	貞觀二十二年(648)，平眉邛雅三州反獠	發隴右、陝兵二萬	茂州都督	正三品職事		新唐書卷2太宗紀，卷222下南蠻傳
趙孝祖	郎州道行軍總管	永徽二年(651)，白水蠻寇邊	其中一職役，小勃弄酋長以萬騎逆戰	左領軍將軍	從三品武職		新唐書卷3高宗紀，卷222下南蠻傳

姓名	職務	時間、事件	戰績	授職	品秩	追贈（加官）	追贈品秩	出處
黑齒常之	江南道行軍大總管	光宅元年，討徐敬業		左鷹揚衛大將軍	正三品武職			新唐書卷4，則天皇后紀
段志玄	西海道行軍總管	貞觀八年，吐谷渾寇蘭、廓二州	將邊兵及契苾、薰項之眾，追奔八百里	右驍衛大將軍、樊國公	正三品武職，從一品爵			通鑑卷194
樊興	赤水道行軍總管	同上	同上	左驍衛將軍，榮國公	從三品武職，從一品爵			同上
梁積壽	姚州道行軍總管	咸亨三年，姚州蠻叛	發梁益等一十八州兵募五千三百人	太子右衛副率	從四品上			舊唐書卷5高宗紀下、新唐書卷222下《南蠻下》
曹繼叔	巂州道行軍總管	永徽三年，顯養、東魯諸蠻與胡叢僮叛	拔十餘城，斬首七百，獲馬犛牛萬五千	右驍衛將軍	從三品武職			新唐書卷222下《南蠻下》
蘇定方	伊麗道行軍大總管	顯慶二年，又征賀魯	敵眾至十萬，為追定方所敗，殺人馬數萬	左屯衛將軍	從三品武職事	左驍衛大將軍、又邢國公，封子慶節為武邑縣公	正三品武職 從一品爵	舊唐書卷83本傳、通鑑卷200

姓名	官職	時間、事件	兵力、戰功	職官	品級	加封、後續	品級	出處
張儉	行軍總管	貞觀十八年至十九年，征高麗	兼領諸蕃騎卒，為六軍前鋒，斬首數千級	營州都督	正三品職事	封皖城郡公，加金紫光祿大夫	正一品爵、正三品文散官	舊唐書卷83本傳
李道彥	赤水道行軍總管	貞觀八至九年，擊吐谷渾	軍敗，死數萬人	岷州都督，封國公	從三品職事、從一品爵	軍敗減死徙邊，後起為涼州都督，卒贈禮部尚書	起正三品職事散官、贈正三品職事	舊唐書卷60本傳
李孝逸	揚州道行軍大總管	光宅元年(684)，平徐敬業之叛	率兵三十萬以拒敬業	左右鈐衛大將軍、梁郡公	正三品武職、正二品爵	進授鎮軍大將軍、轉左豹衛大將軍吳國公	從二品武散官、正三品武職、從一品爵	舊唐書卷60本傳 新唐書卷4則天紀
劉世讓	安定道行軍總管	武德建元前一年，率兵拒薛舉		通議大夫	正四品下文散官	授彭州刺史	從三品職事	舊唐書卷69本傳 通鑑卷185、186
劉世讓	陝東道行軍總管	武德二年，擊呂崇茂		彭州刺史	從三品職事	封弘農郡公	正三品爵	同上
薛仁貴	邏娑道行軍總管	咸亨元年(670)，擊吐蕃	率軍數萬，散衆二十餘萬衆	右威衛大將軍。平陽郡公	正三品武職、正二品爵	軍敗、除名		舊唐書卷83本傳

姓名	官職	時間、事件	事功	官爵	品級	復坐事徙象州	品級	出處
薛仁貴	雞林道總管（按：應為雞林道行軍總管）	咸亨上元間（671-674），高涑相率復版爾焉相率復版經，命以足職經略之	不詳					同上
高侃	東州行軍軍總管	咸亨元年，討高麗	左監門大將軍	正三品武職			通鑑卷201
姜恪	涼州道行軍大總管	咸亨元年，禦吐番	左相	正三品職事			通鑑卷201
程名振	平壤道行軍軍總管	貞觀十八年征遼東		東平郡公，洛州刺史	正二品爵，從三品職事	營州都督、東夷都護	正三品職事	舊唐書卷83程務挺傳
李文暕	定襄道行軍軍總管	永隆中(680)，討突厥		魏郡公、幽州都督	正二品爵，從二品職事			舊唐書卷60李神符傳，卷83程務挺傳
劉仁軌	雞林道大總管（按：應為雞林道行軍大總管）	咸亨五年，東伐新羅	破其北方大鎮七重城	太子左庶子、同中書門下三品、樂坡縣男	正四品職事，宰相	進爵為公，子佺三人並授上柱國	從一品爵	舊唐書卷84本傳

有關方志、族譜，唐初漢族政權與閩粵之交的少數族「蠻獠」之間的最大戰事發生在永隆二年（681年）。陳子昂為高士廉之孫高琔寫的《唐故循州司馬申國公高君墓誌》備述其事，略曰：「永隆二年，有盜攻南海、廣州，邊鄙被其災。皇帝哀洛越之人罹其凶害，以公名家之子，才足理戎，乃命專征，且令招慰。」⑪說明這次戰事的規模並不大，朝廷只指派時任循州司馬的高琔專征平定「叛亂」。按循州是下州，其司馬官階從六品上。區區從六品之官自然遠遠沒有資格擔任權重位高的行軍總管。至於陳元光在這次戰事中的地位，據明清時期閩、越兩省的方志記載，乃是奉高琔的檄調，自閩省「提兵入潮，伐山開道，潛襲寇壘。」⑫縱有戰功，充其量不過是高琔麾下一名裨將，更談不上什麼「嶺南行軍總管」？更何況，大戰發生在永隆二年（681年），《請表》卻說陳元光於永淳二年（683年）被任為嶺南行軍總管；行軍總管並無品階，《請表》卻偏說「進階」；行軍總管一般要冠以標明作戰區域或進軍方向的某某道，《請表》為陳元光先造的行軍總管卻漏掉「道」字，硬湊上一個地域廣闊，表示監察區的「嶺南」。所有這些紕漏，都說明「嶺南行軍總管」的桂冠，是後人硬戴在陳元光頭上的。既要作偽，就不能不處處露出作偽的馬腳⑬

4. 右鷹揚衛率府、輕車大都尉、贊治尹、長春宮使諸問題

唐代官制，武官有十六衛，無率府；東宮武官有十率府，卻又無鷹揚衛⑭。因此，《謝表》陳元光具銜中的「右鷹揚衛率府」顯然是向壁虛構。

又唐代勳官中有上輕車都尉，視正四品；輕車都尉，視從四品⑮。絕無「輕車大都尉」之官稱。隋煬帝時州郡佐官曾有贊治

一職⑯，唐「武德元年（618年），改贊治曰治中；高宗即位，曰司馬」⑰，則陳元光的時代已無贊治官名，更無所謂贊治尹。贊治尹實際上是明代的文勳官，位列正四品；又有贊治少尹，位正五品⑱。可見「輕車大都尉」、「贊治尹」的官號也是後人虛構出來強加給陳元光的，從贊治尹一詞來看，僞托者很可能是明代以後之人。

長春宮在同州（今陝西大荔、合陽、韓城、澄城、白水等縣地），爲隋唐時帝王避暑之行宮。長春宮使即爲掌避暑行宮之官。至唐玄宗開元八年（720年），始置營田長春宮使，兼掌長春宮周圍州縣公田的營田、屯田事務。長春宮使或營田長春宮使起初由朝臣、近侍、宦官兼任，唐代宗大歷九年（774年），以同州刺史充長春宮使，自後成爲定制⑲。陳元光是活動於閩粵之交的一個武夫，所處時代又在尚未設立營田長春宮使之時，怎麼可能當上營田長春宮使之官呢？

5.其他問題

這兩道表文具銜的順序和條理也大成問題。唐代官員具列官銜的通例，都是先列散官，次具職事官；若有勳官和爵位，再具勳、爵。而且「文武二職，分曹置員，各理所掌」⑳，文武分途，不相混淆。即文職以文散官記其本階，武職以武散官記其本階，未有一身而兼帶文、武兩種散官者。官銜中的「兼」、「守」、「行」等字眼用法亦有定制：「貞觀令：以職事高者爲守（職事官官階比散官官階高，稱爲守某職事官），職事卑者爲行（職事官官階比散官官階低，稱爲行某職事官），仍各帶散位。其次一階，依舊爲兼（職事官與散官只差一階，沿舊例稱爲兼）。」以後雖有某些變化，大體遵循這一原則。同時擔任兩職事官者亦稱爲兼

㉑。下面表列則天至玄宗朝若干文武官員的列銜情況，以資說明。

姓　名	官　　　　稱	時　間	出　　　　處
狄仁傑	銀青光祿大夫（文散官、從三品）守納言（職事、正三品）上柱國（勳官、正二品）汝陽縣開國男（爵、從五品上）	聖歷三年（700）	《唐大詔令集》卷44《狄仁傑內史制》
韋嗣立	中散大夫（文散官、正五品上）守天官侍郎（職事、正四品上）	長安四年（704）	《唐大詔令集》卷44《韋嗣立平章事制》
崔日用	大中大夫（文散官、從四品上）守兵部侍郎（職事、正四品下）兼知雍州長史（職事、從三品）修文館學士、騎都尉（勳官、從五品上）安平縣開國子（爵、正五品上）	唐隆元年（710）	《唐大詔令集》卷44《崔日用參知機務制》
劉幽求	金紫光祿大夫（文散官、正三品）守尚書左僕射（職事、從二品）知軍國大事、監修國史、上柱國（勳官、正二品）徐國公（爵、從一品）	先天二年（713）	《唐大詔令集》卷44《劉幽求知軍國大事制》
梁　寺	朝議郎（文散官、正六品上）行澤王府主簿（職事、從六品上）上柱國（勳官、正二品）	垂拱元年（685）	《全唐文》卷234，梁朱賓《大唐故朝議郎行澤王府主簿上柱國梁府君并夫人唐氏墓誌銘并序》

杜　某	朝議大夫（文散官、正五品下）使持節袁州諸軍事守袁州刺史（職事、正四品下）	約天授初（690—691）	《楊烱集》卷9《杜袁州墓誌銘》
崔　獻	雲麾將軍（武散官、從三品）左武衛將軍（武職事、從三品）檢校右羽林軍、上柱國（勳官、正二品）成安子（爵、正五品上）	儀鳳四年（679）	《全唐文》卷196，楊烱《左武衛將軍成安子崔獻行狀》
梁慎初	冠軍大將軍（武散官、正三品）檢校左衛將軍（武職事、從三品）開國男（爵、從五品上）	寶應二年（763）	《文苑英華》卷949，穆員《冠軍大將軍檢校左衛將軍開國男安定梁公墓誌銘》

　　從上表來看，唐代官員具列官銜的實際情形與制度規定是相符的。而《謝表》所見陳元光的具銜卻大悖於制度和常規。先列職事官，後列散官，這是次序顛倒。銜中既有文散官（朝散大夫），又有武散官（懷化大將軍），這是文武混淆。垂拱四年以前的文散官正議大夫正四品上，垂拱四年因功新授的文散官朝散大夫卻是從五品上㉒，這是把貶降說成升賞。陳元光本是武將，若以武官而言，散官懷化大將軍屬正三品，職事漳州刺史卻是正四品下，職事低於散位，本應用「行」字，銜中卻用「守」字，這是用語違法亂制。

　　還可以舉出其他錯誤。例如《謝表》用了「進階前正議大夫」一語。按唐代舉進士者稱爲進士，及第後則稱前進士。但職官方面並無類似用法。僞托者一知半解，將科舉方面的用語套在職官方面，遂鬧出了「進階前正議大夫」的笑話。凡此種種，反映出

這兩道表文的實際作者對於唐代官制的知識幾乎等於零。

二、從犯諱情況看兩表之僞

我國封建時代，避諱是一個重大的倫理原則和政治原則。一般百姓要避國諱，讀書人和官員還要避家諱。應避而不避，稱爲犯諱，是很嚴重的罪名。

這兩篇表文自稱作於永淳至垂拱年間，當時的國諱，即高祖之名淵，太宗之名世民，高宗之名治，武后之名曌，還有一度當過傀儡皇帝的中宗之名顯，睿宗之名旦；還有高祖祖父之名虎，高祖父親之名昞。據有關方志和族譜，陳元光的父親名陳政，則政字是陳元光的家諱。凡此國諱、家諱之字，在嚴肅的表章中，都必須嚴格避而不用。

但是這兩篇表文，卻再三再四地犯諱。在《請表》中，犯高宗之諱的文字有：「治理彰」，「誠爲治教之邦」，「建治所」，「治循往古之良規」；犯太宗世民之諱的文字有「民心自知感激」。在《謝表》中，犯高宗之諱的文字有：「贊治尹」、「治理誠難」，「治巨室」；犯太宗諱的文字有：「民心有繫」，「持清淨以臨民」。犯家諱的文字則有「寵之以二政之隆」。陳元光作爲朝廷命官，僚佐中不乏飽學之士，向皇帝上表怎麼會屢犯國諱、家諱陷己於罪呢？

有人以唐時避諱制度不嚴，且當時避諱用缺筆之法，這些缺筆的避諱字已爲後人補全爲由，來爲這兩篇表文的犯諱問題辯解。因此，這裡有必要對唐代避諱的實況略加考察。

關於唐代避諱情況，陳垣先生《史諱舉例》論之甚詳。其《第七十六唐諱例》說：「唐制不諱嫌名（按：與諱字同音之字爲

嫌名），二名不偏諱，故唐時避諱之法令本寬，而避諱之風尚則甚盛。武德九年，有『世』及『民』兩字不連續者，並不須避之令。顯慶五年，有嫌名不諱，今後繕寫舊典文字，並宜使成，不須隨義改易之詔。然唐人注《史記》、《兩漢書》、《文選》，撰晉、梁、陳、北齊、周、隋、南北八史，於唐廟諱多所改易，古籍遂至混淆……今唐人撰注諸史中之所以廣避者，習尚使然，實未遵貞觀、顯慶時詔令。故韓愈《諱辯》，力斥諱嫌名之非，至比之宦官、宮妾。可見法令爲一事，習尚又爲一事也。」㉓這是說，唐人對於避諱仍然十分重視，避諱的做法仍然廣泛地應用在文人著述和日常生活中。所謂唐代對於避諱的法令較寬；也僅僅是相對於避諱之律特別嚴厲的時期，如「宋之淳熙文書令廣避嫌名，清之乾隆字貫案罪至梟首」㉔的情況而言。唐代對於廟諱和御諱本名的避諱法令也是很嚴格的，甚至對於皇太子的名諱，也要多方避忌，武后長安二年（702年）正月十七日，太子左庶子王方慶上言，請准舊制，改東宮殿及各門與皇太子名同者，上疏曰：「謹按史籍所載，人臣與人主言及上表，未有稱皇太子名者，當爲太子皇儲，其名尊重，不敢指斥，所以不言……今東宮殿及門名皆有觸犯，臨事論啓，迴避甚難。孝敬皇帝爲太子時，改弘教門爲崇教門；沛王爲皇太子時，改崇賢館爲崇文館；皆避名諱，以尊禮典。此則成例，足爲規模。」上從之㉕。試想，唐人對皇太子之名尚且力避不懈，對於當朝皇帝和萬世不祧的開國英主唐太宗的名諱，能夠在上表中公然不避、屢加指斥嗎？

　　至於缺筆避諱之法，雖然興起於唐高宗時期，但主要應用在繕寫舊典文字上，宋代以降刻印古籍即廣用此法，在唐代，自身的撰著和日常生活中仍然採用改字避諱之法。例如爲避高祖李淵

之諱，將敦煌郡淵泉縣改作深泉縣；爲避太宗世民之諱，將民部改作戶部，將生民改爲生人，李世勣改名李勣，循州刺史楊世略改名楊略；爲避高祖之祖李虎之諱，將虎牢改作武牢；爲避高祖之父李昞之諱，將丙改爲景；爲避高宗李治之諱，將州治中改爲司馬，將治書侍御史改爲御史中丞等。由於廣泛應用避諱改字法，對於廟諱諸字應怎麼改，還形成了普遍遵行的慣例：淵字改爲泉，或爲深；虎改爲獸，爲武，爲豹，或爲彪；昞、丙、炳、秉皆改爲景；世改爲代，或爲系；民改爲人，或爲甿；治改爲持，爲理，或爲化；與治同音的稚字改爲幼，等等。前述爲避太子名諱而改宮殿名、門名，也用的是改字法。人們說話作文，遇到廟諱、御諱，即依慣例改字，並不用缺筆之法。直到南宋時，朱熹注《論語》、《孟子》，也只是在抄寫原文時用缺筆法處理諱字，自己的注文，則仍然嚴格用改字之法。㉖

　　總之，對於這兩篇表文的嚴重犯諱問題，用唐人避諱不嚴或當時用缺筆法處理諱字，這些缺筆之字已爲後人補全爲由強爲辯解，是缺乏歷史根據的，是站不住腳的。這兩篇表文一再犯諱，合理的解釋只能是它們出自後人的偽托。

三、從地名問題看兩表之偽

　　兩篇表文使用的一些地名和地理概念，也不合唐代情況。最爲典型的是「茲鎮地極七閩，境連百粵」與「江臨漳水」兩句話中暴露的問題。

　　先說「茲鎮地極七閩，境連百粵」。這句話出自《請表》，所謂茲鎮，對照後文「臣鎮地曰安仁」，應指後來新建的漳州，安仁鎮恰是漳州初建時的州治。說漳州「地極七閩，境連百粵」，

前提應是「七閩」爲一區域,「百粵」是另一區域,漳州處在「七閩」的盡頭,與「百粵」接壤。如果以「七閩」指後世的福建,「百粵」指後世的廣東,漳州處在福建的最南端,與廣東相鄰,那麼這句話是說得通的。但是,在唐代,這句話卻大有問題,因爲「七閩」並非與「福建」對應,「百粵」更非僅指廣東。

按「七閩」語出《周禮・夏官・職方氏》:「辨其邦國、都、鄙、四夷、八蠻、七閩、九貉、五戎、六狄之人民」。《疏》云:「叔熊居濮如蠻,後子從分爲七種,故謂之七閩」。可見七閩本指古閩族的七個部落,後來轉義爲七閩部落的分布地。其範圍除今浙江南部和福建全部之外,還包括今廣東東部。宋人歐陽忞的《輿地廣記》卷35「廣南東路」云:「潮州,春秋爲七閩地,戰國爲越人所居。」又云:「梅州,春秋爲七閩所居,戰國時屬越。」這是今廣東東部的潮、梅二州屬於「七閩」的明證。既然潮、梅二州包括在「七閩」範圍裡,地處潮、梅二州之北的漳州就不能說「茲鎮地極七閩」

百粵又作百越,其名稱較七閩爲後出,範圍卻較七閩更廣。《史記》卷87《李斯傳》有「北逐胡貉,南定百越」一語,其「百越」包括東越、閩越、甌越、西越、駱越、南越。大致今浙江南部,福建、廣東、廣西全部,安徽、江西、湖南、貴州的部分地區,以及越南的大部地區,都在「百越」即「百粵」的範圍內。然則「七閩」包含在「百越」之中,兩者並非彼此獨立的兩個相鄰地區。在唐人的觀念中,情況依然如此。柳宗元《登柳州城樓寄漳汀封連四州》詩有句云:「共來百越紋身地」[27],把今福建的漳州、汀州,廣東的封州、連州,廣西的柳州都視爲百越地;包何的《送泉州李使君之任》有句云:「雲山百越路,市井十洲

人」㉘，也把七閩腹地的泉州視爲百越。所以在唐代人眼中，漳州既在「七閩」之中，也在「百越」（百粵）之中，不能說漳州「地極七閩」，更不能說它「境連百粵」。只有到了晚近時期，專以「閩」代稱福建，「粵」代稱廣東的背景下，一些對古地理知識不甚了解的人，才會誤用「地極七閩、境連百粵」的詞句來描述漳州的地理形勢。故「茲鎮地極七閩、境連百粵」一語，必然出自晚近之人的偽託。

再說「江臨漳水」。這句話詞意含混，不知所云。從字面上看，似乎是說，陳元光鎮守境內有一條江河，臨近另一條名爲「漳水」的河流。但據一些晚近方志和陳氏族譜，陳元光之父陳政「嘗經漳江，謂父老曰，此水如上黨之清漳。故漳州名郡，漳浦名縣，悉本諸此。」㉙這段故事與緊接著「江臨漳水」之後的「實乃建名之本」相呼應，則所謂「江臨漳水」應理解爲「江有漳水」或「江如漳水」。

那麼，漳州境內的這條漳江，是否果眞有如「上黨之清漳」呢？稍有地理知識的人都知道，「上黨之清漳」流經太行山脈，地勢高峻崎嶇，水流喘急；漳州之漳江則處在漳州平原上，地勢平坦，水流舒緩。這兩條河流沿岸的植被、地層、土色也迥不相同。所以「江臨（應爲如）漳水」乃出於附會。其實較早的史志，對漳江得名另有解釋，說是「溪水自西林而出，海水自銅山海門而入，清濁合而成章，故名。」其說倒較爲自然。

然則表文爲何硬將漳州的這道河流與上黨的漳水拉扯在一起呢？究其根源，應與舊說陳元光的祖先是河東人相關㉚。表文的作者熟悉這一說法，卻不知這裡所謂河東人是指郡望，河東是指河東郡，即今山西西南角的永濟、運城、臨猗一帶；而不是指約

當今山西省的河東道。作僞者把河東郡誤解爲河東道,而上黨（
今山西長子一帶）恰在河東道境內,因而牽強附會地把漳州之漳
江與上黨之清漳聯繫在一起,試圖用以解釋漳江、漳浦、漳州得
名的因緣,即《表》中所謂「實乃建名之本」。

其實,漳州之漳江最初可能被稱爲「瘴江」,因爲唐代南方
廣大尚未開發的地區瘴癘蔓延,河水作爲瘴癘的重要傳染源,被
稱爲「瘴江」是常見的事。例如韓愈把潮州的韓江稱爲瘴江,有
詩句「好收吾骨瘴江邊」爲證㉛;柳宗元把柳州的柳江稱爲瘴江,有
詩句「瘴江南去入雲煙」爲證㉜;元稹則把嶺南的江河一概稱爲
瘴江,在《送人之嶺南》詩中寫下了「瘴江趁早渡,毒草莫親芟」
的句子㉝。漳州未建州之前,其地比元和年間的潮州、柳州更加
荒僻,建州之後,還因瘴癘之害而一再遷治㉞,然則在其未置州
之前,人們把其境內的一條河流稱爲瘴江,是毫不足怪的。待至
建州之際,文人們把這條瘴江改名爲同音而義美的漳江,又從而
把所在之縣稱爲漳浦,所在之州稱爲漳州,也是容易理解的。總
之,漳州及其漳江本與山西的漳水沒有瓜葛,《請表》中「江臨
漳水」云云,出自僞托者的生編硬造,其所以如此編造之由,則
因爲將記載中陳元光郡望所在的河東郡誤解爲清漳水所流經的河
東道所致。

四、從文體和用語問題看兩表之僞

這裡所謂文體,指文章格式和行文語氣。

唐代表章都有一定的格式。從《文苑英華》所收唐代表章數
十種上千篇看,表章的開頭或作「臣某言」,或點出上表人的名
字,如蘇頲的上表稱「臣頲言」、李邕的上表稱「臣邕言」;少

數表文簡單點明進表者的身份，如「侍中臣乾曜、中書令臣說等言」、「草土臣說言」等。像題為陳元光所作的這兩篇表文那樣，雜亂無章地將不同時期的各種職、位、勛、爵銜全部羅列上的情況，可謂絕無僅有。僅此一端，即暴露出無識之徒偽托的馬腳。

從行文語氣看，一般唐代表章都顯得畢恭畢敬，誠惶誠恐，盡量自謙自抑，對皇帝則盡量歌功頌德。而這兩篇表文，卻處處自矜自炫，甚至顯出說教的口吻。例如《請表》炫耀自己「迨及童年，濫膺首選」，還把自己得居高位說成是「幸賴先臣緒業，叨蒙今日國恩」，先父後君，有傲忽國恩之心；又說「揆諸陋俗，良由職方久廢，學校不興」，「倘欲生全，幾致刑措，其本則在創州縣，其要則在興庠序」，有指斥朝廷，教訓皇帝之意。《謝表》中「知臣樸忠有素，寒松不改乎凋年」一句，也露出了炫耀自矜之意。凡此都是臣子向皇帝上表絕不應有的態度和語氣。

再從藩鎮和刺史謝官表的特殊要求來看，此類表文說明制書頒發及到任的時間，僅以月日為限，因為制書送達和到任一般就在同一年；倘有跨越年度的情況，也只要添注某年即可，絕無連年號一起寫上的史例。如張說《岳州刺史謝上表》：「臣說言：伏奉四月十有二日制書，除臣岳州刺史，某月二十七日遞書到相州，承恩惶怖，狼狽上道，以月一日至岳州上訖。」㉟又如柳宗元《柳州刺史謝上表》：「臣宗元言：臣伏奉三月十三日制，除臣使持節柳州諸軍事守柳州刺史，以六月二十七日到州上訖。」㊱而所謂陳元光的《謝表》在交待制書時間時寫上了年號和年、月、日，大悖常情，不像是寫給當時皇帝看的，倒像是寫給後人看的；又無到任月日，只說是「已從此日，望闕謝恩」。此日何日，身在何處，都不明不白。

在用詞方面，兩表有不少鄙俚粗俗、半通不通之處。前舉「江臨漳水」、「寒松不改乎凋年」，即屬此種情況。下面再舉幾例，以見其概。

例一：《請表》中有「寄身都閫」一語。按「閫」本義指郭門、國門，引申作統兵在外的將帥，有「閫職」、「閫外」、「閫寄」等詞，皆從引申義而來。「寄身都閫」與「任事專征」連用，應指身爲將帥，受閫外之寄。然而「都」與「閫」詞義相反，連用即不知所云，再冠以「寄身」，更屬不通。

例二，《請表》又有「如蒙乞勅」一語。「蒙」是蒙受，「乞」是乞求，「勅」是皇帝下達的詔令。這三個詞連用，莫名其妙。審其詞旨，應改爲「如蒙勅准」，或「如蒙勅許」才說得通。

此外，《請表》中「濫膺首選」一語，把宋代才出現的「首選」一詞也用了進去㉚，就像《謝表》別銜時把明代才有的文勛官「贊治尹」羅列進去一樣，都是兩表出於後人僞托的明證。

通過以上考證，我們有充分的理由可以斷言，《全唐文》卷164所收這兩篇題爲陳元光所作的表文，不是陳元光的文章，也不是唐文，應該從《全唐文》中剔除出去。至於這兩篇文章中有些內容比較眞實地反映了唐代泉潮之交的自然環境和社會狀況，關於陳元光的事蹟也有部分眞實性，則有兩種可能：一是確曾有過陳元光上奏的表文，但後人妄加纂改增刪，以致眞假混雜，面目全非；二是本無陳元光的表文，僞托者借助某些傳世的有關陳元光的原始材料，加以附會編造，杜撰出這兩篇表文。由於有關的原始材料已經失傳，現在已經難以確指這兩篇僞作到底屬於哪一種情況。但有一點是不容置疑的，即這兩篇表文確屬僞作，不能把它當作反映唐代漳州歷史的第一手資料加以運用，即使對於

其中較為真實的部分內容，也必須嚴格加以鑑別，在與其他第一手資料相參證的情況下才能審慎利用。

　　必須附帶說明的是，《全唐文》編者所加的陳元光小傳說陳元光是光州人，也是不可信的，詳見本書《〈龍湖集〉的真偽與陳元光的家世和生平》一文。

【附　註】

①　《朝野僉載》卷2。

②　《元和姓纂》卷3。

③　宋王象之《輿地紀勝》卷91引朱翌《威惠廟記》

④　《新唐書》卷49下《百官四下》

⑤　《新唐書》卷49上《百官四上》

⑥　《元和郡縣志》卷29，《舊唐書》卷40，《新唐書》卷41。

⑦　《舊唐書》卷43上，《宋史》卷90。

⑧　《吐魯番出土文書》第八冊第219頁，《唐西州都督府上支度營田使牒為具報當州諸鎮戍營田頃畝數事》。文物出版社87年2月第1版。

⑨　分見《新唐書》卷2《太宗紀》、卷3《高宗紀》、卷222下《南蠻傳》。

⑩　孫繼民《唐代的行軍統帥》一文（載武漢大學《魏晉南北朝隋唐史資料——唐長孺教授八十大壽紀念專輯》，武漢大學出版社，91年）對行軍大總管和行軍總管論之甚詳，可參見。

⑪　見《全唐文》卷215。

⑫　明·何喬遠《閩書》卷41《君長志》，清·阮元《廣東通志》卷292《列傳·陳元光》。

⑬　對於陳元光任嶺南行軍總管一事，以及《全唐文》這兩篇題為陳元光所作表文的真實性，向來有人表示懷疑。但已故史學家羅香林力

主其事其文爲眞，著有《唐嶺南行軍總管陳元光考》（載《廣州學報》一卷一期，1937年。）筆者也曾撰《〈唐嶺南行軍總管陳元光考〉質疑——附論陳元光平蠻開漳的性質》（見本書）全面駁斥其說。讀者請參閱之。

⑭⑰　《新唐書》卷49上《百官四上》，《舊唐書·職官志》，《通典》，《唐六典》所載略同。

⑮　《新唐書》卷46《百官一》。

⑯　《隋書》卷28《百官下》。

⑱　《明史》卷72《職官一》

⑲　《唐會要》卷59「長春宮使」

⑳㉑　《舊唐書》卷41《職官一》。

㉒　此據《舊唐書·職官志》。《新唐書·百官志》作從五品下。

㉓㉔　見《勵耘書屋叢刻》中冊。

㉕　《唐會要》卷30。

㉖　參見陳垣《史諱舉例》第五十九。

㉗　《柳宗元集》卷42，據中華書局點校本。

㉘　《全唐詩》卷208。

㉙　清光緒間施錫衛《漳浦縣志》卷14《名宦·陳政傳》。此據民國二十五年朱熙鉛印本。

㉚　《元和姓纂》、宋·王象之《輿地紀勝》、《仙溪志》、明嘉靖《廣東通志》、《龍溪縣志》、《長泰縣志》等俱稱陳元光河東人或「系出河東」。

㉛　韓愈《左遷至藍關示姪孫湘》，見《全唐詩》卷344。

㉜　《柳宗元集》卷42，見中華書局點校本。

㉝　見《元氏長慶集》卷10。

㉞　《元和郡縣圖志》卷29「漳州」載：舊治「李澳川有瘴，遂權移州
　　於龍溪縣置」。

㉟㊱　《文苑英華》卷585。

㊲　《宋史》卷156《選舉二》載：南宋高宗紹興二年（1132年）張九成
　　廷試第一，被高宗擢爲首選。這是「首選」見於記載的最早史例。
　　唐代進士科考試第一名稱狀頭，又稱狀元；州、郡、府推薦舉子時
　　被列爲第一名的稱爲解頭，或稱首薦；制科考試第一名則稱爲勑頭。
　　其時並無首選之稱。參見兩《唐書》選舉志及唐・薛用弱《集異記》
　　卷2，宋・計有功《唐詩紀事》卷40。

肆、《唐嶺南行軍總管
陳元光考》質疑

——附論陳元光平蠻開漳的性質

　　半個多世紀前，已故史學家羅香林先生曾著文《唐嶺南行軍總管陳元光考》①，認爲唐代漳州首任刺史陳元光確如晚近地方志乘所言，是光州固始人，曾久任嶺南行軍總管；陳元光父子由河南領兵入閩，「爲帶有移民性質之防戍」，而今分布於閩南、閩西南、粵東之漢族一支「河老」民系，「固以元光父子所部將士之移殖爲骨幹」。羅先生所論，於閩南粵東開發史、漢族移民史，以及唐代府兵制度、邊疆民族政策等關係甚大，不能不認眞對待。我們把羅先生的結論放到唐前期的政治、軍事和民族關係的形勢中加以考察，發現與當時史實及各種制度多有不合，其所引據的資料亦與正史多所抵牾。茲據管見，先獻所疑，附論陳元光平蠻、開漳的性質。

一、陳元光父子「久任嶺南行軍總管」說純屬臆造

　　羅先生舉以論證陳元光父子曾「久任嶺南行軍總管」的材料有三條：一是民國新修《福建通志》卷二《名宦傳·陳元光傳》所引所謂唐高宗敕陳政出鎮故綏安縣地的詔書；二是清嘉慶年間編成的《全唐文》所收二篇所謂陳元光文；三是唐人張鷟《朝野僉載》關於陳元光是周嶺南首領的記載。這三條材料是否足以得

出羅先生的結論呢？且讓我們逐一加以剖析。

　　關於所謂唐高宗的詔書。這一「詔書」，紕漏迭出，楊際平先生《陳政・陳元光史事考辨》一文已指出其明顯作僞的六個方面：1.玉鈐衛之名只行用於武則天光宅元年（684年）至神龍元年（705年），其時高宗已死。但「詔書」卻稱陳政爲玉鈐衛翊府左郎將；2.翊府左郎將爲正五品上武職事官，歸德將軍爲從三品下的武散階，朝議大夫爲從五品下的文散階。「詔書」中卻把陳政從帶有從三品武散階的正五品上武職事官「進」爲從五品下的朝議大夫；3.行軍總管地位崇高，正五品上的中級軍官出任嶺南行軍總管，殆不可能；4.唐代每一翊府所領屬員僅60人，遠不及「詔書」提到的123員；5.高宗朝無綏安地名，而「詔書」出現了這一地名；6.「詔書」結尾的「欽哉」爲明清聖旨慣用語，唐宋以前詔書絕無此等文句。由此六端，正可判定此一「詔書」爲明清時人僞作②。此外，我們還可補充一條證據，即「詔書」中「泉潮據閩廣之交」、「七閩百粵交界」等語，也是唐代人不可能有的地理概念。因爲唐代尚未出現福建和廣東兩種行政區劃，所謂「閩廣之交」無從談起。唐代人行文時用的「閩」，源於《周禮》中的「七閩」，本指古閩族的七個部落，借指七閩部落的分布地，包括今天浙江南部、福建全部和廣東東部。百粵又作百越，範圍比七閩更廣，今浙江南部、福建、廣東、廣西、海南全部、以及安徽、江西、湖南、貴州的一部分和越南的大部都屬於百越之地。所以故綏安縣地在唐代也不得稱爲「七閩百粵交界」。「詔書」中出現此類詞句，進一步證明其爲後人僞作。

　　關於《全唐文》所收二篇所謂陳元光文。這兩篇文章分別題爲《請建州縣表》、《漳州刺史謝表》。兩文的紕漏也很多，筆

者已另文考證它們出於後世人之偽托。這裡僅就其提到陳元光「進階」嶺南行軍總管的內容加以討論。為了說明問題，我們先須明確行軍總管的性質。

行軍總管是唐前期遇有重大戰事時皇帝臨時任命的統兵將領，特別大的戰事則設行軍大總管，下統若干行軍總管。其職是一種臨時差遣，事罷輒解，並非常設的官職，因而沒有一定的階品。安史之亂後，類似的統兵將領改以招討、都統為名，行軍總管之制遂廢③。為了說明行軍總管的性質，我們遍考唐代自武德元年（618年）至先天元年（713年）近百年間設立行軍總管、大總管的有關資料，得出唐代行軍總管的重要特點如下：

1.只有重大的戰事才任命行軍總管或大總管。如對突厥、吐蕃、吐谷渾、契丹、薛延陀、高昌、高麗、焉耆、賀魯等北部、西北部周邊民族或敵國的戰爭，唐初對割據政權薛舉、蕭銑、劉黑闥等的戰爭，武則天時對徐敬業、越王沖的戰爭，都是關係到國家安危、存亡的重大戰事，所以才任命行軍總管、大總管統重兵出征，對南方少數族的騷亂很少用到行軍總管。為了對付南方「蠻獠」的動亂而任命行軍總管的少數幾例，也是因為騷亂已發展到相當大的規模，有了很大的影響。

2.由行軍總管統兵的戰爭，敵我雙方的兵力都較強大。即使是對付南方少數族動亂而任命行軍總管的情況，發兵一般也在萬人以上。如張士貴為雅州道行軍總管一役，發隴右、峽兵二萬；趙孝祖為郎州道行軍總管一役，對方諸蠻兵力大者數萬、小者數千；由此也可推知我方兵力不下萬人。

3.被任為行軍總管者多為重臣、宿將，有的還是以宰輔、公卿、尚書或皇親國戚的身份出任行軍總管。為鎮壓南方少數族騷

亂而任命行軍總管者，其行軍總管一般就是騷亂地附近的都督。各行軍總管的官階多在三、四品以上，沒有一例是小於四品的。

　　4.行軍總管、大總管的名稱都有一個「道」字。此之謂「道」，並非朝廷將全國分爲十道、十五道的按察區，而是道路之道，用以標示作戰區域。如李勣爲遼東道行軍總管，表示軍出遼東；張亮爲滄海道行軍總管，表示從今山東半島橫渡滄海進軍；薛仁弘爲竇州道行軍總管，表示進軍竇州。

　　5.行軍總管的使命短則數月，長則一、二年，絕無久任不解的情況。出任行軍總管者各有各的官階，行軍總管本身並不代表一定的官階。

　　對照上述情況，不難看出前述兩篇表文所載陳元光任嶺南行軍總管之妄。《請建州縣表》有云：「伏承永淳二年八月一日制：臣進階正議大夫嶺南行軍總管者」，《漳州刺史謝表》有云：「……進階前正議大夫嶺南行軍總管臣陳元光言：伏奉垂拱四年六月二十九日制」，兩處都提到進階，而行軍總管本身並無階品可言，此其紕繆之一。

　　再則陳元光代領父衆之後，遇到的最大戰事發生在永隆二年（681年），是以陳謙爲首的「盜」起「攻南海，廣州邊鄙被其災」。當時開國元勛高士廉之孫高琁任循州司馬，朝廷以其「名家之子，才足理戎，乃命專征，且令招慰」④。高琁檄令陳元光「提兵入潮，伐山開道，潛襲寇壘」⑤。這場戰事規模不大，故以從六品上的循州司馬爲主將，而沒有任命行軍總管。陳元光是時不過是循州司馬麾下一名低級軍官，根本沾不上行軍總管的邊。更何況戰事初起時未委任行軍總管，怎麼會在二年之後嶺表已平的永淳二年（683年），將一位官品甚低的陳元光「進階」爲「

嶺南行軍總管」呢？

　　三則「嶺南行軍總管」之稱，總管之前無一「道」字，悖於常例。四則據表文陳元光永淳二年進階爲嶺南行軍總管，至垂拱四年（688年）之後仍自稱嶺南行軍總管，前後歷時五年；陳元光還自稱「臣鎮地曰安仁」，又稱「臣謬居外鎮，忝在封疆」，以有土有民的藩鎮自居，顯然是把只管統兵出征的行軍總管與武德年間在邊要地區設置的作爲軍政首長的總管混爲一談了⑥。凡此種種，皆足證表文謂陳元光任嶺南行軍總管之虛妄。

　　羅先生在文章中提到「元光父子雖皆久任嶺南總管，然其足跡所經，多在潮泉之間，而駐節地則在漳州一帶，曾否兼駐節廣州，未能卒定。」又解釋說：漳州自開元二十二年（734年）後曾兩度隸屬嶺南，故「其初年之以嶺南行軍總管兼領（漳州）州事，無足怪者。」所謂「久任」、「駐節」、「兼領州事」，都與行軍總管的性質不合，只能適用於邊要地區總管。顯然，羅先生也分不清行軍總管與總管的差別。

　　關於《朝野僉載》所載陳元光爲周嶺南首領。這條記載，正如羅先生所說，決無可疑。但羅先生說，「然其謂元光爲嶺南首領，則正非曾爲嶺南行軍總管者莫屬」，卻又錯了。按「首領」之義爲頭人，或一群之長。《新唐書・南蠻傳》記述劍南、嶺南酋長的事蹟、行文中常稱這些酋長爲首領，首領與酋長可以互用，即爲顯證。有些人並非少數族的酋長，只是以地方豪強的身份成爲土著渠帥，也是頭人，一群之長，也可稱爲首領。《朝野僉載》卷二所載「周恩州刺史陳承親，嶺南大首領也」，《元和姓纂》卷三所載「龍川公陳賀略，端州首領也」，就屬於這種情況。他們兩人都是嶺南首領，但都未曾任嶺南行軍總管。同樣的，陳元

光的嶺南首領身份，只能說明他是嶺南土著渠帥，而與是否曾任嶺南行軍總管無涉。

　　總之，羅先生用以證明陳元光父子「久任嶺南行軍總管」的理由都不能成立，他們「久任嶺南行軍總管」的說法，肯定是出於後人的臆造。

二、陳元光自河南領眾移殖漳潮之說不足置信

　　羅先生在論證陳元光父子是朝廷委派的嶺南行軍總管之後，進而提出：陳元光父子領眾平定泉潮之亂，是「兼有移民性質的防戍」。其論據主要是：一顧炎武《天下郡國利病書》卷六九《福建六》：「漳猺人與虔、汀、潮、循接壤錯處……常稱城邑人為河老，謂自河南遷來，畏之，緣陳元光將卒始也。」羅先生據此推論說：「漳潮民系之得名，既與陳元光有關，則元光將卒在當日曾率眾移殖因而部勒士眾，也可知矣。」二《饒平大巷陳氏族譜·陳政傳》云：「已而泉潮間蠻獠嘯亂……高宗敕進公朝議大夫統嶺南行軍總管事，掛印授節鉞，率府兵五千六百名，將士自副將許天正以下一百二十三員，並賜醫士李如剛偕行出鎮，於綏安故地，比而殲之。旋退保九龍嶺下，顧其地勢險固，可耕可守，奏請援兵。朝命二兄敏、敷，領軍校五十八姓南下。咸亨元年，奉母同行，至浙之江山，不幸二兄俱故，諸侄淪亡。公迎其母，葬其二兄暨諸侄於浦城。由是盡得其父之兵，合姓五十八，進屯梁山外之雲霄鎮，建宅於梁山下之火田村，營城置堠，寇息民安，以武功隸於廣州揚威府。」該族譜卷三《淵源文略》又載有所謂宋理宗追贈陳元光曾祖考及蔭封其子孫部屬的誥文，文中所列元光部下之府兵將卒皆有隨行婦人，亦一併受封。羅先生據

此推論說：《追贈誥》中所述諸婦人，則非唐代一般折衝府所有，其爲兼有移民性質之防戍，而非普通府兵之設置，或普通剿匪之行軍，正亦在此。蓋是時府兵之制漸廢，番役更代，多不以時。元光父政所領南下諸兵，依《陳氏族譜·陳政傳》所載，可分二批：首批府兵五千六百名，次批軍校五十八姓。前者稱鎮於綏安故地，後者原爲政兄敏、敷所領，稱進屯梁山外之雲霄鎮、建宅於梁山下之火田村。合而觀之，後者已全爲移殖性質，前者至閩地後，亦似即以府兵制之漸壞，即落籍南中，未嘗復返中土，不然，何各隊正火長皆各有家室相隨於數千里外，而得傳其姓氏於後世耶？

我們認爲，顧炎武所論依據的是民間口碑資料。對於這些口碑資料，有兩點需要分析。其一，正如羅先生自己已經指出的，「河老」是漳潮人自稱，「他省人或他系漢人則稱之曰福老。」漳、潮、汀一帶方音，「河」、「福」音近，到底是「河」訛爲「福」，還是「福」訛爲「河」，未可遽斷。其二，即使以漳潮人自稱的「河老」爲正，也不能就此認爲陳元光來自河南光州是可信的。因爲早在宋代，福建各地的大族修譜、志墓時已紛紛僞托爲光州固始人。當時著名史學家鄭樵及文學家方大琮先後發現了這一問題，著文指出了這種作法純屬攀附僞托，還分析了造成閩人所以如此攀附僞托的根源在於光州固始人王審知在唐末入閩建立了閩國，「以桑梓故，獨優固始人，故閩人至今言氏族者皆云固始」[7]。這種攀附固始之風，影響既深且廣。至明後期，連陳元光的子孫也不能免俗，開始冒籍固始[8]。但他們不懂固始在唐屬淮南道，只知明清時光州固始屬河南省，故稱陳元光來自河南，並自稱爲「河老」。民間口碑受著姓影響，以訛傳訛。「河

老」之稱遂遍於漳潮百姓中。究明了這種社會歷史背景，對於此類民間口碑，就不會無分析地盡行相信了。

至於所引《饒平大巷陳氏族譜》的記載，存在不少矛盾和疑點。如說陳政受命為嶺南行軍總管，統領府兵五千多，將士一百多，至泉潮之交屢立戰功後，卻「以武功隸於廣州揚威府」。戰功赫赫的嶺南行軍總督、卻成了管兵不過千人左右的揚威府的下屬，豈非咄咄怪事？

又如說陳政軍事上遇到困難後，「奏請援兵，朝命二兄敏、敷，領軍校五十八姓南下」。這五十八姓軍校乃是「其父之兵」。既然戰事是由朝廷直接命將出征，怎能自始至終只依賴陳氏一家的力量呢？又怎能設想在中央集權程度很高的唐前期，朝廷竟然能容許一支強大的私人武裝自淮南向嶺南恣意發展呢？還有，《譜》載敏、敷奉母同行，至浙之江山卻「二兄俱故，諸侄淪亡」。當時浙江一帶並無戰事，「二兄」和「諸侄」何故一齊喪亡？若說是死於疾疫，何以年邁的「太母」及陳氏之外的五十八姓將士俱皆完好，唯獨年輕力壯的陳氏二兄和諸侄「俱故」、「淪亡」？再說，當時江山稱為須江，浦城唐初廢入建安，載初元年（689年）復置，先後稱為武寧和唐興，何以喜用古名的這份族譜（如「綏安故縣」）在此卻用了幾十年乃至二百多年後才出現的行政區劃名稱呢？凡此種種，說明這份族譜資料真假混雜，紕漏甚多，不能盡信。

羅先生從這份族譜資料引出的論據和結論也有明顯錯誤。如說陳政所領南下諸兵，首批是府兵，次批是軍校五十八姓，全屬移殖性質。意即次批軍校不屬於府兵。但他據所謂宋理宗《追贈誥》參證次批五十八姓將士，考出的人名如李如剛、許天正、馬

仁、李伯瑤、歐哲、張伯紀、鄒牛客等，卻個個是府兵將卒。其
中許天正、李如剛二人還見於所謂高宗敕命陳政出征的「詔書」。
然則其首批次批之分，以及次批全為移殖性質之說，已是被他自
我否定了。

又如文中論證「其有醫士李如剛者，則以元光兼領刺史，依
唐代地方官制，刺史屬官本有醫學博士一人也」。全然不顧族譜
所載醫士李如剛是首批隨陳政入閩「偕行出鎮」者之一，其事在
總章二年（669年），下距陳元光任漳州刺史幾達二十年之久。
難道陳政率眾入閩之初，已預知將近二十年後兒子要當漳州刺史，
提前「依唐代地方官制」配備了刺史屬官嗎？

紕漏百出的材料，自相矛盾的論證，得出來的結論當然是難
以置信的，所謂陳元光父子自河南領眾南下，移殖漳潮之說亦難
成立。

三、陳元光的籍貫、種族及其平蠻、開漳的性質

陳元光既然並非來自河南，領眾移殖之說也屬子虛烏有，那
麼陳元光到底是哪裡人？統領的是一支怎樣的部隊？其平蠻、開
漳是屬於一種什麼性質的歷史事件呢？

關於這些問題，廣東方面的方志倒保留著比較接近真實的記
載，可資分析說明。茲移錄明嘉靖黃佐《廣東通志》卷二九二《
陳元光傳》的一段記載於下：

> 陳元光，揭陽人，先世家潁川。祖洪，丞義安，因留居焉。
> 父政，以武功著，隸廣州揚威府。元光明習韜鈐，善用兵，
> 有父風，累官鷹揚衛將軍。儀鳳中，崖山劇賊陳謙攻陷岡
> 州城邑，遍掠嶺左，閩粵驚擾。元光隨父政戍閩，父死代

爲將。潮州刺史常懷德甚倚重之。時高士廉有孫琰，嗣封
申國公，左遷循州司馬。永隆二年盜起，攻南海邊鄙。琰
受命專征，惟事招慰。乃令元光擊降潮州盜，提兵深入，
伐山開道，潛襲寇壘，俘馘萬計。嶺表悉平，還軍於漳，
奏請創置漳州。⑨

我們之所以說這段記載比較接近歷史眞實，是基於以下三條理由：
一陳元光曾長期在今廣東一帶活動，而他後來的功業則主要建立
在漳州，子孫也繁衍於漳州。廣東方面保留著陳元光早期活動的
記載，但因並非陳氏恩德久播之地，故不像漳州那樣大力神化陳
元光。因此，後世廣東各地修志，能夠比較客觀地記述陳元光的
家世和生平事蹟，較少主觀的增飾、美化；二從文字上看，這段
記載比較樸實，合乎邏輯，沒有福建譜、志有關記載中存在的大
量牴牾正史，自相矛盾的現象；三最重要的是，這段記載的內容
除了說陳元光「先世家潁川」一事與《元和姓纂》所載不合外，
其他各項都能在唐、宋文獻中找到根據，或者正好與唐、宋文獻
所載互相印證。例如，《傳》稱陳元光揭陽人，揭陽爲潮州古稱，
隸於嶺南道。《朝野僉載》稱元光爲嶺南首領，以揭陽爲籍的土
著渠帥正可當此稱號。又如，《傳》稱陳元光的最高官階爲鷹揚
衛將軍，正與《元和姓纂》及李綸《淳熙臨漳志》的說法相符⑩；再
如《傳》稱永隆二年平潮州盜之役，主將爲循州司馬高琰，元光
是奉高琰之命出戰，也與陳子昂的高琰墓誌所載無違；還有，《
傳》稱元光奏置漳州是在擊降潮州盜之後，與宋人吳興《漳州圖
經序》的說法一致⑪。《陳元光傳》關於陳元光籍貫、歷官、生
平主要事蹟的記載，都能與唐宋文獻的有關記載吻合，說明作者
的編纂態度是相當嚴謹的，眞正做到了言必有據，因而是基本上

可以相信的。

以上考證，解決了陳元光自祖父一代起定居於潮州的問題。現在還要進一步追問：元光的祖上是世代居於嶺南的「蠻獠」呢？還是來自北方的移民？對此，有兩條史料提供了重要的信息。

其一是元光母親出自代北鮮卑族。考《宋會要輯稿》第二○冊《禮二○‧陳元光祠》，元光母親姓吐萬氏，在宋朝先後被封為厚德夫人和厚德流慶夫人。而吐萬氏屬於代北複姓，世為部落酋帥⑫。其二是在唐代姓陳的嶺南首領中，有的來自代北鮮卑貴種，其姓氏是後魏時由侯莫陳氏改為陳氏的。龍川公端州首領陳賀略即其一例⑬。

把上述兩條材料綜合起來看，陳元光的母族出於代北鮮卑貴種，父族也可能是來自鮮卑複姓侯莫陳氏。代北貴種與另一代北貴種聯姻，最符合唐代婚姻重血統和門第的社會風尚。另外，包括《全唐文》所收那兩篇偽造的「陳元光《表文》」在內，許多關於陳元光的材料都提到陳政曾任歸德將軍，陳元光曾任懷化大將軍。而歸德將軍、懷化大將軍恰是唐高宗顯慶三年新設的武散階，「以授初附首領」⑭，或說「皇朝所置，以授蕃官」⑮。看來，在真假混雜的眾多關於陳元光的傳說中，元光父子曾分別任這兩種官職倒是真的。因為這正合他們初附首領及蕃官的身份。也就是說，陳元光氏族出自代北的侯莫陳，可能性是很大的。

有一個現象很值得一提，那就是福建地方譜、志關於陳政、陳元光的種種記載，都絕口不提陳政之妻、元光之母，卻憑空杜撰出元光的祖母魏氏。現在我們弄清了元光之母吐萬氏的種族，附帶著便揭穿了作偽者諱言元光之母的用心，乃是企圖掩蓋陳元光的種族、血統。因為即使不考慮元光父系的種族，僅就其母為

代北鮮卑人而言，元光身上也有一半代北鮮卑血統。作偽者掩蓋
歷史真相，乃是出於狹隘的大漢族主義，以為把陳元光說成是潁
川陳氏的正統，元光的形象才高大，完滿，作為陳氏的子孫才無
上光榮；我們恢復歷史的本來面目，一來是出於史學的直筆原則，
凡事根據史實說話，二來也正好證明我們祖國的輝煌歷史是各民
族互相融合、共同創造的。

　　當然，我們搞清了陳元光的氏族所從出，也就回答了元光祖
上來自何方的問題。顯然，陳元光的祖上是由代北進入中原，又
由中原移居嶺南的。在嶺南，其家族憑著政治（有人居官）、軍
事（擁有私人武裝即所謂「部曲」）、文化（進入中原的鮮卑族
已高度漢化）的優勢，很快成為地方豪強。家族中的傑出成員如
陳政、陳元光，因為武功突出、明智韜鈐，遂被土著百姓擁戴為
地方首領，並在與一部分不馴服的「蠻獠」的鬥爭中，效順朝廷，
建立勛業。

　　陳政效順朝廷、成為武官之後，被派到泉潮之交故綏安縣地
的一處鎮戍，代替原來鎮將負責防戍重任。這一點，《廣東通志
‧陳元光傳》敘述得過於簡略，陳政僚佐丁儒後人的《白石丁氏
古譜‧懿蹟記》卻有詳盡的記載：

　　總章二年（669年）戊辰⑯，天子遣將軍陳政與曾鎮府更
　　代……府君（按指丁儒）通經術，喜吟咏，練達世務。將
　　軍政與語，慕焉，引為軍諮祭酒。有所注措，悉與籌畫，
　　為莫逆交。政沒，子元光代，府君復佐元光平寇、開郡…
　　…先是，泉潮之間，故綏安縣地也，負山阻海，林澤荒僻，
　　為獠蠻之藪，互相引援，出沒無常，歲為閩廣患。且凶頑
　　雜處，勢最猖獗，守戍難之。自六朝以來，戍閩者屯兵於

泉郡之西，九龍江之首，阻江爲險，插柳爲營。江當溪海
之交，兩山夾峙，波濤激湧，與賊勢相持者久之。

《丁氏古譜》曾一再被明清文獻如《八閩通志》、《古今圖書集
成》等引用，所載一般較爲可信。再從丁氏先人與陳氏的關係而
言，丁譜只有爲陳元光父子說好話的可能，而無貶低、醜化陳元
光父子的道理。所以這段記載稱陳氏出戍故綏安鎮地始末，較爲
可靠。據此記載，陳政是以廣州揚威府低級軍官的資格，奉調至
泉潮之交九龍江首的一個鎮戍，代替曾鎮府爲鎮將的。鎮將俗稱
鎮頭⑰，是唐代邊防軍系統的一名低級武官，官品高者可達正六
品下，低者不過正七品下⑱。由鎮將官品之低，可以推知一鎮的
兵額不可能很多。陳政由揚威府的部屬調任泉潮之交一個鎮的鎮
將，似乎是平常的人事更替。不過，嶺南軍政當局的這一決策，
卻寓有深意，那就是借重陳政作爲地方首領的威望和實力，解決
相當棘手的「蠻獠」騷亂問題。

　　果然，陳政到任之後，事情開始發生變化。起初，由於陳政
手下兵馬不多。（他赴任時可能帶有部分私兵，但數量也不多）
並不能大有作爲，在軍事上只能「與賊勢相持者久之」。爲此，
他可能曾要求家族發私兵前來增援，更重要的是就地募兵以壯大
力量。《懿蹟記》記其事曰：

　　　　遂建寨柳營江之西，以爲進取，恩威併著，土黎附焉。轄
　　　　其地爲唐化里，而龍江以東之民陸續渡江田之，且戰且招，
　　　　追殲寇於盤陀梁山之下，盡殲之，願附者撫而籍之。咸亨
　　　　四年（673年）癸酉，請於朝，移鎮漳浦以拒潮寇，阻盤
　　　　陀諸山爲塞。儀鳳（676— 678）之初，撫循既熟，復進
　　　　屯於梁山之外，而凶頑不敵者率引遁叢林邃谷中。猶虞出

> 沒，乃募眾民，得五十八姓，徙雲霄地，聽自墾田，共爲
> 聲援。

這段記載，說明陳政率部由北而南，節節推進：先是建寨於柳營
江之西，繼而移鎮漳浦，阻盤陀諸山爲塞，更進而立屯於梁山之
南（山外即山南）。需加分析的是「募眾民，得五十八姓」的問
題。募眾民就是募民爲兵。在唐代，邊防軍將領以募兵彌補鎮兵
之不足，是常見的事，至開元間，且以皇帝詔敕的形式而制度化
了：「諸軍鎮量閑劇、利害，置兵防健兒，於諸色征行人內及客
戶中召募，取丁壯情願充健兒長住邊軍者，每年加常例給賜，兼
給永年優復，其家口情願同去者，聽至軍州，各給田地屋宅。」
⑲陳政募得民眾之後，也是把他們安置在雲霄地區⑳，「聽自墾
田」，做法正與玄宗詔敕規定的相同，他之所爲，不過是開風氣
之先，且尚未以「兵防健兒」稱呼募得之兵罷了。

由此可見，陳政用以對付「蠻獠」之兵，共有三種成份：一
是舊有的鎮戍之兵；二是自潮州來援的陳氏私兵，即晚近陳氏族
譜中所謂「其父之兵」；三是在泉潮之交募得之兵。晚近陳氏族
譜作者不解唐代邊兵與府兵之別，又不察所謂五十八姓中有陳氏
原有的私兵與新募得的募兵兩種成份，僅據陳氏如同閩中各大姓
皆來自光州固始之傳聞，附會發揮，編造出陳政先領府兵自光州
入閩，繼而又請得援兵五十八姓由其二兄及老母率領南下入閩的
故事。至於光州有無兵府，光州人能否擔任光州府兵將領，及數
千人自光州經浙江由仙霞關入閩是否符合唐代制度，是否合於情
理，則非他們所能明了，他們也顧不得這許多了。

陳政死後，元光代領父眾。由於他在長期的征戰中已積累了
豐富的經驗，也由於他的部眾的主要成份已是久居泉潮一帶的私

兵和募兵，適應氣候，熟悉地形，了解對手的習俗和作戰的特點，故能戰勝強勁的對手，終於基本平定了久歷年所的「蠻獠」之亂。陳元光在此基礎上奏請設置了漳州，實行了一系列有利於民族融合、社會安定、促進漳州經濟和文教發展的政策，成為開發漳州的功臣，受到人民永久的崇敬和紀念㉑。

　　在建漳之前的長期征戰中，陳氏祖上傳下來的私兵，與陳政募得的兵眾，逐漸融而為一，都成為陳元光掌握的基本武裝力量。它的性質是地方首領的私人武裝，陳元光稱之為「部曲」。在新設的州縣的政權建設中，陳元光也以「部曲子弟」為骨幹，讓他們擔任司馬、別駕以下各級官吏，以及四境行臺、鎮戍的邊防將校㉒。陳元光卒後，這支私人武裝又由元光之子陳珦代領，如此代代相傳，直到元光的曾孫陳謨，尚領有私兵。㉓

　　陳元光父祖、子孫世襲領兵，自陳元光起又四代世襲漳州刺史。這種做法，悖於唐代一般的任官制度和軍事制度，卻合乎唐廷對待南方邊鄙少數民族地區的特殊政策。概而言之，唐代對南方邊鄙「蠻獠」世居之地，在其未歸附前，多採取招撫懷柔政策，以收「但懷之以德，必不討自來」之效㉔；對於單純招撫懷柔不能奏效的「凶頑」之徒，通常派附近都督進討，並且採取「以夷制夷」的手段，利用一些效順朝廷的地方首領，去招降或討平未歸附的首領。貞觀間，利用黔州豪帥田康諷諭西趙蠻、夷子蠻，使其遣使入朝，以地內附㉕；肅宗至德間，利用西原、環、古等州首領方子彈、甘令暉、羅承韋、張九解、宗原等討擊桀驁不馴的承斐等部，「歲中二百戰」，擊斬叛亂首領多人，終於使「承斐等以餘眾面縛詣桂州降」㉖，就是見於正史記載的兩則顯例。

　　在「蠻獠」地區既附之後，一般則以新附之地設置羈縻州，

「以其首領爲都督、刺史,皆得世襲。雖貢賦版籍,多不上戶部,然聲教所暨,皆邊州都督、都護所領,著於令式」㉗。這種辦法,叫做「以其故俗治」,首領世襲領兵之制,作爲故俗之一,也得以保留。

　　把陳元光家族的活動放在唐代對南方邊鄙少數族地區採取特殊政策的時代背景下加以考察,不難看出陳氏家族正是效順朝廷後被朝廷用以對付那些「冥頑不化」的「蠻獠」的地方首領。陳政、陳元光父子順應了國家統一、民族融合的時代潮流,率領以其私兵爲骨幹的地方武裝,通過長期卓絕的軍事鬥爭,輔以招撫的政治手段,擊敗了「蠻獠」的一次次反抗,實現了當時的泉潮之交,即今天的閩南粵東地區的社會安定,民族融合和歷史進步。

　　還可以把陳元光家族的活動放在南朝以來南方地方豪強勢力崛起和發展的歷史潮流中加以考察。南朝以來,南方地方豪強經濟的發展是引人注目的,以此爲基礎,南方地方豪強在政治和軍事上的頑強表現也給人留下了深刻的印象。陳朝時熊曇朗、周迪、留異、陳寶應等擁兵作亂,就是浙江、江西、福建地區的豪強憑其實力,爭取更大的政治、經濟權益的一次努力。他們的努力失敗了,但南方豪強勢力的發展仍在曲折地進行。至隋末唐初,一部分南方豪強在促進國家的統一事業中崛起,陳元光就是其傑出的代表。所以,陳元光的平蠻、開漳,又可以說是嶺南地方豪強把自身的發展與國家統一、民族融合正確地結合起來的成功範例。

【附　註】

① 載《廣州學報》一卷一期,1937年。本文所引羅先生語,皆出此文,不再一一注明。

② 　楊際平提交給「陳元光與漳州開發國際學術會議」的論文油印稿。後刊於《福建學刊》。

③ 　《新唐書》卷四九下《百官下·外官》。

④ 　《全唐文》卷二一五，陳子昂《唐故循州司馬申國公高君墓志》。

⑤ 　明·何喬遠《閩書》卷四一《君長志》，清·阮元《廣東通志》卷二九二《陳元光傳》

⑥ 　《新唐書》卷四九下《百官四下》：「邊要之地置總管以統軍，加號使持節，蓋漢刺史之任」。此職至武德七年改爲都督。

⑦ 　方大琮《鐵庵集》卷三二。

⑧ 　明嘉靖《龍溪縣志》、《長泰縣志》尙稱陳元光「河東人」，可見稱元光爲光州固始人之說始於明後期。

⑨ 　另外，嘉靖《潮州府志》、清道光《廣東通志》及民國饒宗頤《潮州志》的有關記載也與黃《志》所載基本相符。體現了明中葉前關於陳元光事蹟的較樸實近眞的說法。

⑩ 　《元和姓纂》卷三：「右鷹揚將軍陳元光，河東人。」《淳熙臨漳志序》錄載於光緒《漳州府志》卷首，其中有云：「自陳鷹揚肇創於唐之垂拱」。

⑪ 　吳輿《漳州圖經序》有云：「唐垂拱二年十二月九日，左玉鈐衛翊府左郎將陳元光平潮州寇，奏置州縣。」按：吳輿爲宋人，各種版本的漳州府志記載甚詳。《全唐文》編者誤以其爲唐貞元時人，並將《漳州圖經序》誤收入《全唐文》，大謬。羅香林先生失察，一仍《全唐文》之誤，惜哉！

⑫ 　《元和姓纂》卷六，《通志》卷二九。

⑬ 　《元和姓纂》卷三。

⑭ 　《舊唐書》卷二二《職官一》。

⑮　《大唐六典》卷五《兵部尚書》。

⑯　按總章二年爲己巳，總章元年才是戊辰，此處應是造譜者誤記。

⑰　明弘治間成書的《八閩通志》方域卷謂柳營江與南溪合抱處，即曾
　　鎮府舊戍之處有「鎮頭城」，故知民間稱唐時鎮將爲「鎮頭」。

⑱　《舊唐書》卷四四《職官三》。

⑲　《大唐六典》卷五《尚書兵部》。按《六典》繫此敕於開元二十五
　　年，《資治通鑑》卷二二四代宗大歷四年「官健常虛費衣糧」句下
　　胡三省注，繫於開元十五年

⑳　所謂漳浦、雲霄，都是日後的名稱，丁氏古譜編者蓋以日後地名追
　　記當時之事。

㉑　關於陳元光「開漳」的歷史功績，筆者另有《開漳聖王陳元光論略》
　　一文詳加論列，文載《海峽兩岸文化交流史料》第一輯，華藝出版
　　社，1990年出版。

㉒㉓　《閩書》卷四一《君長志》。

㉔㉕　《貞觀政要》卷九「征伐第三十五」。

㉖　《新唐書》卷二二二下《南蠻下》。

㉗　《新唐書》卷四三下《地理七下・羈縻州》。

伍、陳元光研究中的史料
鑑別與取捨問題

——與歐潭生先生商榷

　　陳元光是唐初閩南、粵東的重要歷史人物。關於他的籍貫、生平和是否著有詩文集傳世的問題，筆者曾撰《〈龍湖集〉的眞偽與陳元光的家世和生平》（載《福建論壇》文史哲版89年 5 期），提出了新的看法。拙作發表以來，閩、豫兩省史學界與地方史志工作者就有關問題展開了熱烈的討論。有一部分人竭力維護明末以來閩省譜、志舊說，對筆者提出了諸多詰難，歐潭生先生等的《〈龍湖集〉眞偽與陳元光祖籍——與謝重光先生商榷》（載《福建論壇》文史哲版91年 1 期，以下簡稱歐文），就是其中有代表性的一篇文章。關於《龍湖集》眞偽，筆者已有另文回答詰難，進一步闡明它確是後人偽托之作。這裡僅就陳元光研究中反映出的史料鑑別與取捨問題，略談管見，並與歐潭生等先生商榷。

一、歐文幾條「史料」辨偽

　　歐文爲了維護陳元光是光州固始人的舊說，推出了幾條新「史料」。我們先就這些「史料」的眞偽作一番考辨。

　　㈠《漳南陳氏世系記》。歐文寫道：「關於陳元光的祖籍地，唐代漳州人潘存實《陳氏族譜・漳南陳氏世系記》的記載最爲詳實：『漳南陳乃河南光州固始之世家也。……王子霸漢爲陳大宗

正，生果仁，事隋爲司徒，判尙書戶部度支事……後以羨餘進請
鬻邊負，煬帝不從，泣諫以死，郡人立祠歲祀，咸通中封爲忠烈
公。公生四子，克耕者事神堯爲左玉鈐衛大將軍，傳其子政，奉
命戍閩，是爲漳南望族陳氏之始祖。」潘存實其人，謝文中已經
考定他是唐末漳州進士，因此，他對漳南陳氏世系的記述應該說
是比較可靠的。」

　　歐文說筆者考定潘存實爲唐末進士，所言不確，拙作只指出
潘存實是唐代進士，這裡可以稍作補充：潘存實，字鎮之，漳浦
甘棠人，元和十三年（西元718年）進士，官戶部郎中、左庶子，
累遷戶部侍郎①。

　　按照歐文的邏輯，只要確定潘存實是唐代進士，就可以證明
那篇《世系記》是比較可靠的。事實恰恰相反。一者，潘存實的
文章已爲清人蒐集收入《全唐文》，並無此一《世系記》。二者，
潘存實既然是唐代進士，長期在朝爲官，一定熟悉本朝歷史、地
理和典章制度，他的文章一定不會出現大悖於基本史實和當朝制
度的錯誤，而《世系記》卻在這些方面錯誤百出。

　　例如所引《世系記》的第一句話「漳南陳乃河南光州固始之
世家也」，便不可能出自唐人之筆。光州在唐代屬於淮南道，安
史之亂後一度隸於淮南節度使，旋即改隸新增置的淮南西道節度
使，至唐末不變②。在宋代，熙寧五年（西元1072年）以前光州
屬於淮南路，熙寧五年淮南路分爲東、西兩路，光州劃歸淮南西
路③。所以唐宋時代光州與河南根本掛不上鉤，在唐宋人的觀念
中光州是淮南的屬郡，光州人被視爲淮民。宋代成書的《三山志》，
即稱隨王潮、王審之入閩的光州人爲淮民④，可證。元代設立河
南江北等處行中書省，轄領光州⑤，明代以元河南江北行省爲河

南等處行中書省，後又改爲江南承宣布政使司，亦轄光州⑥。至此，才產生河南光州的提法，並逐漸相沿成習。故《世系記》所謂「河南光州固始」云云，暴露出此記乃元明以後人所僞造，而妄加到唐人潘存實名下。

　　又如，《世系記》中提到的陳果仁，其事蹟在兩《唐書》和《資治通鑑》中皆可考見，略謂果仁本爲隋太僕丞元祐部將，義寧二年（西元618年），佐江東土豪沈法興起兵反隋。法興自署江南道總管，遙附稱帝洛陽的越王侗，承制置百官，以陳果仁爲司徒。越王侗被廢後，法興於唐高祖武德二年（西元619年）稱梁王，建元爲延康，陳果仁仍爲法興效死力，直至法興敗亡⑦。可見陳果仁並非隋朝的司徒，而是隋末江南割據首領沈法興私署的司徒。他追隨沈法興的一系列活動，皆在隋煬帝被宇文化及殺害後，所謂果仁在煬帝面前泣諫以死云云，實屬無稽；判尙書戶部度支事和進羨餘也是唐中葉以後才出現的情況，以之屬於陳果仁，亦極不倫。而從唐朝的立場來看沈法興，乃是爲亂一方的盜賊，陳果仁是助紂爲虐的賊臣，怎麼可能於唐咸通中被追封爲忠烈公？潘存實怎麼可能寫出如此大悖國史的文字爲本朝賊臣歌功頌德呢？更何況，「咸通中」的提法表明此記應作於咸通之後，而潘存實元和十三年進士及第，及第時應已三、四十歲以上，元和十三年下距咸通末五十六年，則咸通以後潘存實是否仍在人世尙大有問題，遑論作此荒誕不經的《世系記》了。

　　再如，《世系記》稱陳克耕事神堯爲左玉鈐衛大將軍，也是一派胡言。按神堯即唐高祖李淵，而玉鈐衛的名稱只行用於武則天光宅元年至唐中宗神龍元年（西元684──705年）⑧。唐高祖時既尙無玉鈐衛之稱，陳克耕焉能「事神堯爲左玉鈐衛大將軍」？

以上諸端，足證《世系記》顯然是元明之後無識之徒的僞造而妄嫁名於本郡先賢潘存實。作爲一名研究者，不察如此粗劣的僞造，還要贊之爲「記載詳實」，「比較可靠」，這就不但是厚誣古人，而且是貽誤和貽譏後世了。

㈡所謂唐高宗命陳政出征的詔書。歐文所引詔書內容爲：「玉鈐衛翊府左郎將，歸德府將軍政……其進爾朝議大夫，統嶺南行軍總管事，掛新印符，伏舊授節鉞，率府兵五千六百名，將士自許天正以下一百二十三員，從其號令。爾往七閩、百粵交界綏安地方，相視山原，開屯建堡，所轄泉、潮二州官吏，聽其提督，軍民聽其撫綏。暨爾七閩、百粵方面官員，當知會者知會，合節制者節制。」據各種《陳氏族譜》，此詔開頭爲「奉天承運皇帝制曰」，結語爲「莫辭病，病則朕醫；莫辭死，死則朕埋。斯誓斯言，爰及苗裔，爾往欽哉。」

此「詔」紕漏甚多，楊際平先生已著文揭出其謬誤多端，考定其爲明以後人所僞作⑨。筆者完全贊同楊際平先生的論證，這裡再舉出「詔書」的幾處紕漏以爲補充。

其一，謂陳政統嶺南行軍總管事，乃出於虛構。唐代的行軍總管，是遇有大戰役臨時差遣的統兵將領，雖非常設官職，並無一定階品，但例由重臣、宿將或事發地附近的都督充當，據統計，膺此職者多爲三、四品以上的高官。行軍總管之前總是冠以某某道字樣，以示征戰區域或進軍路線，如遼東道、滄海道、定襄道、松漠道、寶州道等等。這種行軍總管與武德年間在邊要地區設置的總管性質不同。邊要地區的總管後來改稱都督，其職兼統數州之兵，加號使持節者，亦可兼領民事⑩。行軍總管則只管征伐，既無固定轄區，亦不理民政。

　　對照上述情況，所謂陳政統嶺南行軍總管事，行軍總管之前不冠道字，此紕漏之一；陳政以從五品下的朝議大夫，不足任位望崇高的行軍總管，此紕漏之二；謂泉、潮二州官吏爲嶺南行軍總管所轄，「聽其提督，軍民聽其撫綏」，七閩、八粵官員聽其節制，顯然是將行軍總管與邊要地區兼管數州的總管之職混爲一談，且「提督」字樣亦明清習用詞滙，此紕漏之三。這些紕漏，在在暴露出「詔書」的作僞性質。

　　其二，文中一再誤用地理名詞和概念。綏安縣晉置，隋廢，堂堂「詔書」，不稱本朝行政區名而稱前代廢縣名，史無前例；又以舊綏安縣地爲七閩、百粵交界處，更悖於唐人的地理概念。

　　按「七閩」本指古閩族的七個部落，又指七閩部落的分布地。其地約當今浙江南部和福建全部、廣東東部。宋人歐陽忞的《輿地廣記》有云：「潮州，春秋爲七閩地，戰國爲越人所居。」「梅州，春秋爲七閩所居，戰國時屬越。」說明在宋人心目中，今廣東東部包括在古七閩地範圍內，還是很清楚的。

　　百粵又作百越，範圍較七閩爲廣。《史記》卷87《李斯傳》有「北逐胡貉、南定百粵」語，其「百越」包括東越、閩越、甌越、西越、駱越、南越。大致今浙江南部、福建、廣東、廣西全部，安徽、江西、湖南、貴州的一部分，以及越南的大部分，都在百越的範圍內。

　　唐人在非正式文書中使用的七閩、百越或百粵，是借用古地理概念，兩者不是互相毗鄰的兩個獨立政區，而是互相重疊的籠統地域名稱。七閩大致包含在百越之中。柳宗元詩《登柳州城樓寄漳汀封連四州》，有句云：「共來百越紋身地」，把今福建的漳州、汀州，廣東的封州、連州，廣西的柳州俱視爲百越地；包

何詩《送泉州李使君之任》，有句云：「雲山百越路，市井十洲人」，亦視泉州及通向泉州的一段路程爲百越，皆爲明證。

以七閩專指今福建，始於宋代；以百粵指兩廣或廣東，則至今未見。在唐代，斷無認舊綏安地方爲七閩、百粵交界的可能。所謂七閩、百粵方面官員，在唐代人看來，也是不知所云。此類文句出現在所謂唐高宗的詔書中，稍有唐代史地常識的人，是不難看出其僞造痕迹的。

㈢在歐文的原稿，即其提交給「陳元光與漳州開發國際學術會議」的論文中，還引用了一則所謂垂拱四年六月廿九日的皇帝詔書，其內容雜亂不經，謬誤顯然；原稿後記中，又一仍前人之誤，把宋元豐進士吳輿爲宋修《漳州圖經》所作序言，引作「唐貞元時人吳輿所撰《漳州圖經序》。對這兩則「史料」，本來也應糾謬辨僞，不過，歐文在正式發表時既已將此兩條刪去，或已認識其謬，因而這裡就不必多費筆墨了。

二、拙作若干史料的再探討

拙作引用的主要史料，歐文一概採取了否定的態度。爲了明辨是非，也有必要對這是些史料再作一些探討。

㈠關於《朝野僉載》所記陳元光爲周嶺南首領一事。歐文以張鷟寫《朝野僉載》時，陳元光早已去世，他所記述的只是道聽途說的傳聞；近現代閩、粵某些方志作者對該記事已提出懷疑，古人對《僉載》一書也有批評爲由，武斷地作出了「該筆記小說之言，是不能引以爲據的」的結論。

我們知道，張鷟是唐代著名文人，生活在唐代武后、中宗、睿宗三朝和玄宗前期，與陳元光同時而稍後。其文爲朝野和鄰邦

所重。因爲「訕短時政」，開元初（西元713——）被貶嶺南，事距陳元光逝世的景雲二年（西元711年）不過三、五年時間。所著《朝野僉載》是被貶嶺南後記載朝野見聞的一部隨筆，主要記載武后一朝的事蹟，對於當時政治的黑暗腐敗，酷吏的陰狠殘暴，整個官僚集團的懦怯無知，都有所揭露，所以儘管存在一些缺點，仍不失爲反映當時社會生活的有用資料，歷來受到文史學界的重視。《資治通鑑》就採用了此書的不少記載，古代許多叢書如《說郛》、《歷代小史》、《古今說海》、《畿輔叢書》等都將此書收入，宋代大型類書《太平廣記》也將此書所載盡行採入。近年中華書局還將此書整理點校，作爲唐宋史料筆記叢刊之一加以出版，其點校說明指出：「作者以當時人記當時事，耳目所接，究竟是第一手資料」。臺灣出版的《筆記小說大觀》也收錄了此書。現代史家無不重視和引用此書的史料，著名唐史專家韓國磐先生的《隋唐五代史綱》引用此書即達五次之多。歐文對此事實視而不見，一筆抹殺此書的史料價值，是很不客觀很不負責的。

其實，拙作在引用《僉載》所載「元光讌客」的材料時，已說明只取其記元光爲周嶺南首領一點，對其所記情節置而不論。歐文在具體行文中，也不得不承認了元光爲武周嶺南首領一事，只是曲解嶺南首領的含義，認爲「是指武周朝的嶺南行軍總管」。這樣，我們還必須對「首領」略作討論。

按「首領」之義爲頭人，或一群之長。在史書中通常指少數族酋長或邊鄙地區的土著領袖。例如《舊唐書·北狄傳》記開元三年契丹首領李失活率種落內附；《新唐書·北狄傳》記玄宗擢奚族「首領無慮二百人，位皆郎將」，這李失活及二百名奚族首

領就都是少數族酋長或渠帥。又如《新唐書‧南蠻下》行文中常以劍南、嶺南之蠻獠首領與酋長互用，酋長與首領簡直就成了同義詞。以首領指邊鄙地區土著領袖、渠帥，而不必就是少數族酋長的例子也不罕見，如《朝野僉載》卷2載：「周恩州刺史陳承親，嶺南大首領也，專使子弟兵劫江」；《元和姓纂》卷3載：「龍川公陳賀略，端州首領也」，這兩人在血統上可能出自漢族或早已同化於漢族的北方少數族，他們只是以地方豪強的身份成為土著渠帥，而被稱為嶺南首領的，情況與陳元光相似。

上述這些「首領」，都沒有擔任過行軍總管；文獻可考的唐代眾多行軍總管，則沒有一人被稱為首領。顯然，「首領」與行軍總管之間並無內在的必然聯繫。所謂「周嶺南首領乃指武周朝的嶺南行軍總管，非指土著豪酋」之論，是毫無史實根據的。

附帶指出，歐文把歸德將軍、懷化大將軍說成「只是皇帝對戍邊將領的封號」，也是站不住腳的。《舊唐書‧職官一》明確記載：「懷化大將軍，顯慶三年（西元658年）置，以授初附首領，仍隸諸衛也。」同書同卷歸德將軍條下注記相同。《唐六典‧尚書兵部》亦載：懷化大將軍，歸德將軍，「皇朝所置，以授蕃官」。正史、正典的記載如此明白無誤，歐文並未舉出任何一條反證材料，竟如此武斷地加以否定，鑿空臆說其「只是皇帝對戍邊將領的封號」⑪，顯然是很不科學很不嚴肅的態度。事實上，正史、正典對於歸德將軍、懷化大將軍的說明，恰與陳元光嶺南首領的身份吻合，共同說明陳元光的確是以土著豪強起家而獲得朝廷所授懷化大將軍官階的。

㈡關於《元和姓纂》記陳元光為河東人一事。歐文說：「這條引證，恰恰駁斥了上述謝文稱陳元光為『土蠻首領』的說法，

只是指陳氏郡望爲河東。」對此，首先必須說明，筆者只說過陳元光是「土著首領」，從未說過其爲「土蠻首領」。「土蠻」必須是出身蠻獠，「土著」只表明他是久居本地，兩者有根本區別，不能混淆。歐文認識到《姓纂》謂陳元光爲河東人乃指郡望，這是對的，但把望出河東與嶺南土著首領對立起來，卻又錯了。

按郡望原指每郡顯貴的世族，意即某姓世居某郡爲當地所仰望。兩晉南北朝時，郡望的區分是很嚴格的，但到了唐代，門閥士族日漸衰落，分居各地同一宗姓之人只是沿用舊望，已無多大實際意義。正如唐代史學家劉知幾所言，姓望多僞，「碑銘所勒，茅土定名，虛引他邦，冒爲己邑」⑫。所以袁氏皆系於陳郡，杜氏無不稱爲京兆，其實有很多都是假冒的。宋代史學家宋祁也說：「言李悉出隴西，言劉悉出彭城，悠悠世胙，訖無考按，冠冕皂隸，混爲一區。」⑬這種濫冒郡望的情況，在唐代可以舉出著名文人元稹、白居易、劉禹錫等許多例證⑭；在現代，則以畬族鍾姓妄引潁川鍾氏最爲典型⑮。其實無論畬族是唐代閩粵蠻獠後人，還是武陵蠻後裔，都從來未與潁川鍾氏發生關係。

明乎此，可知《姓纂》稱陳元光的郡望爲河東，不外是兩種情況。一是其祖先確曾居於河東郡，但後來子孫散居各地，如陳元光這一支，與河東郡早已沒有多少聯繫；一是元光宗族與河東實無關係，只是冒稱出於河東陳氏以自高門第。無論哪一種情況，都足以駁斥晚近陳氏族譜自稱望出潁川之說，而無礙於我們根據充分的史料論證陳元光至少自其祖父那一代起即已居於潮州，因而成爲潮州土著，並被推爲嶺南首領的結論。

㈢關於《廣東通志》所載「陳元光，揭陽人」是否孤證。歐文認爲：「謝文把陳元光的祖籍地定爲廣東揭陽，唯一的文獻依

據是清代黃佐、阮元編撰的《廣東通志》」；「遍查有關史籍與
陳氏族譜，所謂陳元光祖父陳洪均未見記載，名字僅此一見。」
筆者孤陋，未能遍查有關史籍與陳氏族譜（如明嘉靖十四年刻本
《廣東通志初稿》四十卷，元大德《南海志》刻本殘卷，俱存於
北圖；嘉靖二十六年刻本《潮州府志》八卷，日本內閣文庫藏有
全帙，雖久欲一閱，未得其便，未能如願），但據管見所及，記
載元光爲揭陽人的方志，僅《廣東通志》就有兩部，一爲明人黃
佐纂修的嘉靖四十年（西元1561年）刻本《廣東通志》，一爲清
人阮元、陳昌齊修纂的道光二年刻本《廣東通志》。黃佐爲明代
名儒，明史有傳，怎麼會成了清人，而與清代大官僚兼大學者的
阮元編撰《廣東通志》呢？府志方面，則有乾隆《潮州府志》及
當代著名學者饒宗頤所撰《潮州志》亦稱元光爲揭陽人。此外，
清《嘉慶重修一統志》廣東卷《潮州府・人物・陳元光》條亦同
於上述省、府志，謂元光爲揭陽人。至於說陳元光祖父爲義安丞
陳洪，則不但上述一統志、省、府志皆作如是說，族譜資料如廣
東饒平大巷陳氏族譜亦載：「（陳）政父諱犢，一諱洪，字克耕
……隋末爲義安丞。」然則「僅此一見」，純屬虛言；「孤證」
之誣，可以休矣。

　　歐文還企圖從內容上找到破綻，以否定黃佐《廣東通志》記
載的可靠性。文中問道：「陳政既然『隸廣州揚威府』，『崖山
劇賊陳謙攻陷岡州（今廣東新會縣境）城邑』，那他就應該領兵
就近攻擊，卻爲何捨近求遠，避其鋒芒，從潮州提兵入閩呢？」
歐文此問的答案，其實就在他試圖否定的那段記述之中，那就是
陳謙攻陷岡州城邑後，「遍掠嶺左，閩粵驚擾」。當時循、潮二
州俱爲廣州都督府屬郡，舊綏安地方則爲潮州北鄙。戰事既然從

岡州蔓延到潮州以北，廣州府軍事當局爲了全面剿除亂「賊」，
除了責成循、潮二州長吏領兵剿賊⑯外，又派隸於廣州揚威府的
陳政率偏師進據舊綏安縣地，陳元光隨父入閩，這正是合情合理
的軍事部署，何謂「捨近求遠，避其鋒芒」？

　　㈣關於五十八姓軍校從何召募？這個問題，《白石丁氏古譜》
記載得明明白白，乃是陳氏率軍進屯於梁山之外與蠻獠相持時，
爲了對付蠻獠出沒於叢林邃谷之中，不易迅速撲滅，而於當地（
時屬舊龍溪縣）「募衆民得五十八姓，徙雲霄地，聽自墾田，共
爲聲援」的。丁譜的這段記載，與陳譜的有關記載分歧很大。筆
者何以捨陳譜之說而信從丁譜所載，拙作中已作分析說明，無須
複贅。歐文不理會拙作的分析說明，仍然引陳譜和據陳譜而書的
晚近漳州府、縣志來否定丁譜所載，這裡我們且把歐文所引譜、
志之說的自我矛盾略作分析。

　　據歐文所引康熙《漳州府志》，陳政曾隨父從唐太宗攻克臨
汾等郡，「以從征功」官拜將軍。按唐太宗攻克臨汾郡事在隋大
業十三年（西元617年），是時陳政從征而官至將軍，年齡至少
有二十歲左右。又據歐文所引，儀鳳初（西元676——），陳政
之兄敏、敷及其母魏氏領五十八姓軍校南下入閩增援陳政。當此
時，陳政年齡應在八十左右，而魏氏應已年近百歲。八十高齡的
老將尚在戍閩力戰已屬異事，在軍情孔急之時，由八十多歲的陳
敏、陳敷和年近百歲的魏老太太萬里提兵赴急更屬荒唐。僅此一
端，已見敏、敷及魏氏提兵入閩之說經不起分析檢驗，不足據信。
何況陳譜、閩志僅載敏、敷等率五十八姓軍校南下，根本未提這
五十八姓的來源。歐文斷言這五十八姓正是「河南光州一帶招募
的軍校」，不知何據？或許他們「遍查有關史籍與陳氏族譜」，

得到有異於常人所見的曠世孤本，那麼，是否可以公諸於世以開愚蒙呢？

　　歐文複述了陳政、陳元光所部將士皆爲漢姓，五千多兵丁也是漢人之後，又推算出唐初龍溪縣人口稀少，而有在舊龍溪縣地「怎能募得五千多壯丁」之問。對此，我們倒要問：有誰說過陳政所部在龍溪縣地召募了五千多壯丁呢？五十多年前，羅香林先生尚知將陳政所領兵分爲前後二批，「首批府兵五千六百名，次批軍校五十八姓」。五十多年後的歐潭生先生，卻又將首批五千多兵丁與次批五十八姓軍校混爲一談，研究史上的這種倒退現象，眞使人感慨係之。

　　還有一點須加說明，正史地理志所載某州某縣戶口，只是入於官方戶籍的數字，並非其地實際人口總數。在封建社會，逋逃脫籍的人口數量往往很大，在唐初朝廷勢力剛剛進入閩粵之交時，該地不入官籍的戶口數可能比入籍數還大。以故當時潮州入籍戶口不過數千⑰，而有關陳譜、閩志卻載永隆二年（西元681年）陳元光提兵入潮，「俘獲萬計」。若以官方戶籍數衡量此事，豈不又要有「怎能俘獲蠻口萬計」之問？明乎此，歐文欲以舊龍溪縣地官籍戶口稀少來否定五十八姓募自當地，也是徒然的。

三、鑑別、取捨史料的方法和態度

　　如上所述，陳元光研究中出現的種種分歧，根源在於對史料的鑑別和取捨。

　　鑑別史料是一件複雜的工作，具體問題應作具體分析。但通過前賢不斷的探索總結，也有一些公認的方法或準則可資借鑑。

　　例如，對於同一史事的多種不同記載，一般說來，距離該事

件時空較近的記載較為可信。又如，對於鑑別偽書，梁啟超總結
前人經驗提出了十二條法則，第一條就是：

> 其書前代從未著錄或絕無人徵引，而忽然出現者，什有九
> 皆偽。例如「三墳、五典、八索、九丘」之名，雖見《左
> 傳》；「晉乘、楚檮杌」之名，雖見《孟子》，然漢、隋、
> 唐《藝文》、《經籍》諸志從未著錄，司馬遷以下未嘗有
> 一人徵引，可想見古代或並未嘗有此書，即有之，亦必秦
> 火前後早已亡佚。而明人所刻《古逸史》，忽有所謂《三
> 墳記》、《晉史乘》、《楚史檮杌》等書。凡此類書，殆
> 可以不必調查內容，但問名即可知其偽。⑱

梁啟超此論，迭經謝國楨、張舜徽、吳楓等著名史家、古籍整理
專家徵引闡述，殆可成為史料學之確論，成為辨別偽書的一般原
則。在此原則下，像《龍湖集》這樣一部忽然出現的書，歷代《
經籍志》、《藝文志》和私家目錄從未著錄，甚至清代以前的閩
省方志亦未提及，僅見於千餘載後陳氏私譜，其為偽作，正是「
殆可以不必調查內容」便可判明⑲。

　　遺憾的是，歐文完全違背了史料鑑別的一般方法和原則。在
《龍湖集》真偽問題上，歐文雖然承認該集「確實存在許多疑點」，
僅見於「私家記載的譜牒」，卻硬說它是「歷史上遺留下來的文
字資料」，並為其疑點、紕漏百般辯解，竭力掩蓋其作偽的痕迹。
在史料取捨問題上，則棄唐宋文獻而重明清方志和私譜；在譜、
志中，則又排斥記載早而翔實的粵志⑳和他姓之譜，專重閩志和
陳譜，而且是專取明末以來的閩省方志。可以說，歐文取捨史料
的原則，是與距原發事件時空越近的記載越可信的一般原則背道
而馳的。

　　與歐文在取捨史料問題上違反常理的做法相表裡，其文在徵引材料和論證方法上也存在一些問題。

　　上文已經附帶提到，歐文在徵引拙作時，常常改易原文詞句。例如，拙作否定了陳元光家於光州固始說，歐文則謂筆者「否定陳元光祖籍河南光州固始」，於是把筆者所要討論的元光籍貫問題，改為祖籍問題。又如，拙作指出潘存實是唐代進士，歐文將唐代引作唐末；拙作提出元光為嶺南首領，在其他有關文章中又提到元光為嶺南土著出身，歐文卻說「謝文稱陳元光為土蠻首領」。在徵引歷史文獻和譜、志資料時，歐文同樣存在隨便改纂詞句、標點、語氣的情況。如引《舊唐書·高宗紀》，將「發梁、益等十八州兵募」句中的兵募改作募兵（按兵募與募兵性質迥異）；引《陸宣公集》，將「則居重馭輕之意明矣」，改作「則居重馭輕明」；引所謂唐高宗詔書，把「歸德將軍」改為「歸德府將軍」；引饒宗頤《潮州志》，將作者按語「公何暴戾至此？或其時尚有蠻人凶頑之習歟？抑小說家言固不足信歟？」砍去前半，又把後半句的問號改作感嘆號，即把原文的選擇疑問語氣改成了肯定感嘆語氣。另外，歐文原稿引所謂垂拱四年詔書，把「營田、長春宮使者」改作「營田長、春宮使者」，如此等等，不一而足。

　　在論證方法上，歐文置拙作化了相當多篇幅論證的明末以來閩省有關譜、志在陳元光問題上的作偽情況於不顧，簡單地把被筆者否定的那些譜、志材料作為論據與筆者論戰。這是一種你說你的，我說我的，故意迴避問題焦點的方法。辯論雙方既不能在雙方公認的前提上，圍繞相同焦點展開論述，問題怎能討論得清楚呢？

　　歐文上述這些問題，不僅是學識的問題，也是治學態度的問

題。歐潭生先生曾直言不諱地承認，他化了不少筆墨與筆者商榷避諱問題，卻未讀避諱學的重要著作《史諱舉例》，以致不知有已祧不諱、二名不偏諱等原則。這就是一種很不慎重的態度。歐文在史料鑑別、取捨及徵引材料、論證方法上的問題，是否也與態度不夠慎重，而且頭腦中先存有陳元光爲固始人的成見有關呢？

歐文曾鄭重提出：「考索一部詩詞或文集的眞僞，應當持慎重態度，切忌先入爲主，師心自用，攻其一點，不及其餘。」這種提法很正確，應該適用於治學的各個方面。但重要的不是把這一原則掛在嘴巴上，而是要貫徹到研究工作的全過程。如歐文那樣，並未眞正貫徹自己提出的原則，結果「先入爲主，師心自用」云云，恰恰成了夫子自道。

【附　註】

① 《全唐文》卷730《潘存實小傳》，《登科記考》卷18、《全唐詩》卷491所載略同。

② 參見新、舊《唐書・地理志》，《新唐書・方鎭年表》，吳廷燮《唐方鎭年表》。

③ 《宋史》卷86《地理四》

④ 《淳熙三山志》卷8《祠廟》

⑤ 《元史》卷59《地理二》

⑥ 《明史》卷42《地理三》

⑦ 參見新、舊《唐書・沈法興傳》，《資治通鑑》卷185—188《唐紀》武德元年至三年。

⑧ 《舊唐書》卷44《職官三》，《新唐書・百官志》、《唐六典》、《通典》所載略同。

⑨　楊際平《陳政、陳元光史事考辨》，係提交給「陳元光與漳州開發國際學術會議」的論文。文中所列僞詔主要紕漏有：1.高宗朝尚無玉鈐衛之名；2.翊府左郎將爲正五品上武職事官，歸德將軍爲從三品下武散階，朝議大夫爲從五品下文散階。按常理，決不可能從帶有從三品下武散階的正五品上職事官「進」爲從五品下的朝議大夫；3.此文鄙俚，從文風上看非唐代詔令，且歷代命將出師，無不虛張聲勢，絕無以區區數千兵員入詔之理；4.高宗朝無綏安地名，且命將出師，也絕無指定具體地點開屯建堡之理；5.明清聖旨，結語常有「欽此」、「欽哉」等語，唐宋以前詔書絕無此等文句。（筆者按：此「詔」開篇的「奉天承運皇帝制曰」亦爲唐宋詔書所無。）

⑩　《舊唐書》卷44《職官三》「大都督府」，《新唐書》卷49下《百官四下》「都督」。

⑪　我們倒可舉出諸多反證，說明把歸德將軍、懷化大將軍釋爲皇帝對戍邊將領的封號是多麼無稽。例如薛仁貴、蘇定方、程務挺、王孝傑、唐休璟、張仁愿等唐代名將，時代與陳元光相近，都曾長期戍邊，但因都是受朝命出戍，非土著豪強新附朝廷之屬，所以都無懷化大將軍或歸德將軍官銜。

⑫　《史通》卷5《邑里》

⑬　《新唐書》卷95《高儉傳贊》

⑭　《舊唐書》稱元稹河南人，白居易太原人，劉禹錫彭城人，《新唐書》所載元、白郡望與《舊唐書》同，對劉禹錫，則書「自言係出中山」。實則兩《唐書》所載元、白、劉諸人郡望皆爲假郡望。元稹出於鮮卑，白居易出於龜茲，已有定論；劉禹錫出自匈奴，卞孝萱先生亦有詳實的考證，見《劉禹錫叢考》，巴蜀書社1988年7月第一版。

⑮　見《潁川鍾氏族譜》，清鍾大焜修，光緒二十七年刻本。

⑯　對於唐高宗朝粵東地區的長期蠻獠動亂，據《廣東通志》所載，朝廷曾命循州司馬高琔「專征」，潮州刺史常懷德亦曾參與平亂軍事。高琔「受命專征」之事還有唐陳子昂的《唐故循州司馬申國公高君墓誌》爲證，見《陳伯玉文集》，1960年中華書局排印本。

⑰　《新唐書・地理志》載潮州戶4420，《元和郡縣志》載潮州元和時戶1955。

⑱　梁啓超《中國歷史研究法》第五章《史料之搜集與鑑別》。

⑲　這一觀點，楊際平先生未刊稿《也談陳元光籍貫與〈龍湖集〉眞僞》首先揭出，本文只是援引楊文所論，謹此說明。

⑳　明黃佐嘉靖《廣東通志》關於陳元光爲揭陽人的記載，比閩省方志關於陳元光乃光州固始人一說早出幾十年，而且黃志陳元光傳註明「據廣州舊志和（明）一統志參修」，可知揭陽說產生時間應遠早於嘉靖年間。

陸、「開漳聖王」陳元光論略

在唐初粵東和閩南的社會舞臺上，陳元光堪稱爲一個中心人物。他擔任政府軍主要將領平「蠻」，戰功赫赫；奏置漳州並出任漳州首任刺史，爲漳州的開發奠定了基礎。但是，有趣的是，在唐宋時期，官方和民間對陳元光的態度形成強烈的反差，漳州民間對於陳元光的功德歌頌備至，而官修史書《舊唐書》、《新唐書》及《資治通鑑》對陳元光卻未著一字。在後世，漢、畬人民之間，以及治福建地方史與治民族史的學者之間，對陳元光的看法也迥然相左。在陳元光的評價問題上爲什麼會出現如此重大的分歧？我們今天應該如何比較全面、正確地評價陳元光？本文擬對此略陳管見，以就正於方家。

一、唐初粵東、閩南地區的社會狀況和政治形勢

要正確評價陳元光，首先必須明瞭他活動地區的社會狀況和政治形勢。

陳元光活動的主要地區爲嶺南的循、潮二州，及其迤北的泉、潮二州交界處①，即今粵東、閩西南一帶。這裡「負山阻海，林澤荒僻」②，形勢險塞，交通不便。聚居這裡的多爲畬族先民，當時被漢族統治者稱爲「獠」或「獠蠻」。他們多「居洞砦」，刀耕而火種，尚處於相當原始的社會發展階段。自六朝以來，漢族的勢力雖已到達這一地區的邊緣，但始終未能深入，因爲「獠

蠻」們對於外族的入侵表現出高度的團結和英勇善戰，他們「互相援引，出沒無常」，漢族軍隊只能「屯兵於泉郡之西，九龍江之首，阻江為險，插柳為營」，長期與「獠蠻」相持③。

　　唐高祖武德年間，趁隋末之亂擁兵稱雄的江南和嶺南割據勢力次第被削平，交、廣豪酋如馮盎、李光度、寧長真等一時款服，福建北部和中部的地方首領，亦已歸附朝廷。閩、嶺之際，雖有泉、潮之間的這塊「獠蠻之藪」，由於地處閩、嶺之末④，「獠蠻」人民頑強抵抗，唐朝的軍事、政治力量仍無法深入，尚是「獠蠻」自由出沒之地。

　　唐太宗繼位後，政權日益鞏固，北部、西北部的邊患逐漸解除，於是得以更大的力量經略東南和西南少數族地區。史籍所載太宗、高宗、武后、中宗、睿宗時期數十百起所謂獠、蠻造反為官軍討平的事實⑤，都是唐朝經略南方少數族區域的記錄。這種「經略」，實質上是漢族統治者對南方各少數族人民的征服活動，少數族的「反」，是少數族人民抗禦征服的正義鬥爭。由於少數族經濟、文化落後，居處分散，政治、軍事經驗不足，自然不敵唐朝強大的軍事、政治攻勢，故爾這樣的征服活動，總是以少數族的敗、亡、歸降為必然結局。

　　地處閩、嶺之際久而未賓的「獠蠻之藪」，不例外地也成為唐王朝「經略」的重要目標。早在唐高宗麟德元年（664年）以前，朝廷已加強了對這塊「獠蠻之藪」的軍事部署，有一位人稱曾鎮府的府兵將領，即於此時奉節鉞戍閩並於麟德元年冬日到泉郡，又進次九龍江，於柳營江以東與南溪合抱處設置了鎮頭城⑥。不久，總章二年（669年），泉潮間便發生了所謂「蠻獠嘯亂」的事件⑦。雖然，史文與地方譜、志都沒有留下關於這次「嘯亂」

起因和經過情形的記載，但是結合這時唐王朝經略南方少數族區域的態勢與事前曾鎮府進軍設戍的情況來分析，這次「嘯亂」無疑是畬族先民對於唐王朝日益加強的政治、軍事壓力的反抗。可以說，這樣的反抗是唐廷有計劃有預謀挑起的，它為朝廷進一步進行鎮壓和征服提供了借口，一場大規模的討伐已是勢所不免了。

不過，此時朝廷正面臨重重困難。一方面，征遼戰事甫定，戰爭中大量逃亡的士兵流宕未歸，被征服的高麗軍民又多反叛，而且「高麗新平，餘寇尚多，西邊經略，亦未息兵，隴右戶口凋弊」；另一方面，連年的自然災害又火上加油，「京師及山東、江淮旱饑」，浙江「大風海溢，漂永嘉，安固六千餘家」⑧。大規模戰爭和嚴重天災交迫，朝廷陷於財政危機中，無力從中央調派大軍進剿嶺表、閩西南，解決泉潮之間的「蠻獠嘯亂」，只能依靠當地的軍政力量。這樣的形勢，遂把陳元光一家推到了此時粵東閩西南政治舞臺的中心，使他們成為此時這一地區的風雲人物。

二、陳氏家族的平「蠻」事蹟

陳氏家族所以能趁時崛起，關鍵在於他們是嶺南的土豪酋帥。過去，福建地方史志依據陳氏私譜，多以為陳元光出自潁川陳氏，家居河南光州固始，他們一家是自固始「萬里提兵」入閩鎮壓蠻獠暴亂的。其實，這只是晚近陳氏族譜修撰者的拙劣編造，毫不足信⑨。根據唐代成書的《朝野僉載》和《元和姓纂》所載，結合《廣東通志》和《潮州志》的記述，陳元光先世為河東（今山西省西南部）人，祖父陳洪任職義安（即今廣東潮安縣治）郡丞，秩滿留居潮州，遂為廣東揭陽人。陳氏家世習武，又曾為郡佐，

在地方上頗有影響，日久雄踞一方，成為嶺南首領。元光之父陳政，以武功著名，從軍隸於廣州揚威府。元光自幼明習韜鈐，通武略，有父風，常隨父親居於行伍⑩。陳氏的家世和陳政現任府兵將校的條件，成為削平「獠蠻之藪」的最佳人選，被嶺南軍政當局一眼看中。總章二年泉潮之間動亂，陳政便奉命自粵入閩，代替曾鎮府戍守。

陳政初到鎮，「凡百草創，備極勞瘁。」⑪由於兵衆不多，立腳未定，便遭到人多勢衆的「蠻獠」的主動進擊，不得不「退保九龍山」⑫。因有九龍江天險，才得阻止「蠻獠」的大舉進攻，陳政守住九龍江東部地區，「蠻獠」據有江西側的廣大地區，雙方又進入隔江相持的狀態。

在相持之中，陳政作為嶺南首領，闇熟地形和民情的優勢便充分發揮出來。他先後採取了兩條重要措施，都收到了顯著的成效。其一是憑其威望，大力汲引人才，並做到知人善任。他自粵入閩之始，便羅致了許天正等中原流寓於嶺表的才智之士⑬，入閩之後，又把通經術、喜吟咏，練達世務的丁儒引為軍諮祭酒。據說丁儒本是北方人，因科場失意，至閩入贅於曾鎮府，在軍中效力。陳政代曾鎮府為守將後，待丁儒為知己，「有所注措，悉與籌畫」，因而丁儒盡忠竭力佐助陳政。陳政暗中「遣人沿溪而北，就上流緩處結筏連渡，從間道襲擊」獠民，遂渡江而西，招民屯戍，在九龍江以南形勢險要的盤陀山下建立了進剿「蠻獠」的要塞，便是採納丁儒的建議而取得的勝利⑭。其二是在此基礎上實行募兵，結果「募衆民得五十八姓，徙雲霄地，聽自墾田，共為聲援」⑮陳政通過募兵「所糾率者皆時之武勇」⑯，他們不必如府兵須輪番更代，而是一種職業軍人，經過長期訓練和實戰

的鍛煉，特別英勇善戰，成爲陳氏軍事力量的中堅。陳政建立起一支有智有勇的僚佐隊伍，又有了一支驍勇善戰，指揮如意的私兵，便爲戰勝「蠻獠」作好了必要的準備。

陳政在平「蠻」中一系列卓有成效的努力，受到朝廷的嘉獎，進位爲歸德將軍⑰。但他未及取得平「蠻」的根本勝利，便於儀鳳二年（677年）病歿，未竟的事業由其子陳元光繼之。

陳元光受命於危難之際。剛剛代父爲將，便遇「廣寇陳謙連結洞蠻苗自成、雷萬興等」連陷岡州（在今廣東新會縣北）、潮陽（今廣東潮安縣治），「遍掠嶺左，閩粵驚擾⑱。」這是一次嶺南地主武裝與畬族先民聯合對抗唐朝統治者的大規模軍事行動，朝命潮州刺史常懷德和循州司馬高琁發兵征討，不能制敵，急忙檄令陳元光進擊。元光「提兵深入，伐山開道，潛襲寇壘，俘馘萬計，嶺表悉平⑲。」此役陳元光一舉成功，固然與其父訓練有素的精兵良將分不開，但他本人的智勇也發揮了重要作用。朝廷嘉其功，進位鷹揚衛將軍、懷化大將軍⑳。元光威名大振，旋師歸於梁山之下，舊綏安縣（故城在今福建漳浦縣西南）地鎮守之所。

此後陳元光與「蠻獠」的鬥爭進入拉鋸狀態。「蠻獠」的大規模反抗行動雖被鎮壓下去了，小規模的反抗鬥爭卻此起彼伏，從未止息。陳元光東征西討，雖時有戰勝，但深感單靠征討不能從根本上解決蠻獠之亂，於是接受僚佐的建議，奏置漳州，並「奏立行臺於四境，時巡邏焉」㉑。這些措施曾經發揮一定的效果，一時間北抵泉州邊境，南達潮州之揭陽，東至於海，西迄閩贛之交，「數千里無烽火之警，號稱樂土」㉒。僚屬丁儒怡然歌咏於篇章曰：「烽火無傳警，江山已淨塵」㉓。看來，統治者似乎可以高

枕無憂了。但是，事態的發展往往出乎統治者的意料之外。不屈
不撓的畬族先民，在表面的平靜中正在積蓄力量，醞釀著更猛烈
的反抗風暴。果然，至景雲二年（711年），於儀鳳年間犧牲的
「蠻獠」領袖雷萬興、苗自成之子，「糾黨復起於潮，猝抵岳山」。
陳元光匆忙出戰，被「蠻」將藍奉高刺傷，敗奔途中，卒於綏安
溪之大峙原，時年五十五歲㉔。

　　陳元光敗死之後，「人心震慄，莫敢向者」，賴參軍盧如金
代領兵眾，奮勇退敵，才得收拾殘局㉕。後來朝命元光之子陳珦
代領州事。陳珦誓志復仇，加強兵備，終於在開元三年（715年）
找到機會，「率武勇衛枚緣阻夜襲巢峒，斬藍奉高首級並俘餘黨」㉖。
「蠻獠」勢力受到沉重打擊，進一步向西南方向收縮。直至德宗
貞元間（785—804年），「蠻獠」勢力再次捲土重來，攻陷揭陽，又
被正攝領漳州州事的元光曾孫陳謨討平，獲賊首藍老鴟等㉗。自
此之後，「蠻獠」在閩南的勢力便徹底衰落了。

　　自陳政於高宗總章二年入閩對付「蠻獠嘯亂」，至陳謨於德
宗貞元年間鎮壓了閩粵之交較大的一次「蠻獠」起事，陳氏五世
與畬族先民進行了長達百餘年的鬥爭，結果是以陳氏爲代表的唐
朝統治勢力進入閩南，並不斷擴大和鞏固勢力，畬族先民即所謂
「蠻獠」被迫退出自己世居之地，收縮到更深險的高山密林中。

三、陳元光對漳州經濟文化發展的貢獻

　　平「蠻」是陳元光一生活動的重要內容，但不是唯一的內容。
他活動的另一個重要方面是建立漳州，並實行了一系列推動漳州
經濟、文化發展的政策。

　　如前所述，在唐朝統治勢力進入今天的閩南地區之前，這塊

「獠蠻」之藪尙處於相當原始的社會階段，論環境，則是林莽茫茫，野獸出沒，瘴癘蔓延㉘，論生產和生活，則是刀耕火耘，崖棲谷汲，如猱升鼠伏㉙，人們多「居洞砦」過著採集狩獵爲主、刀耕火種爲輔的半原始生活，尙未跨越野蠻蒙昧時代。

隨著陳氏入閩，先進的漢族文化也進入到這塊與世隔絕之區，逐步改變了此地的落後面貌。首先是沉睡多年的莽原漸次開闢爲良田。早在陳政建寨柳營江之西時，便招撫土黎，聚爲唐化里，吸引「龍江以東之民陸續渡江田之」。及至進屯梁山之外實行募兵之時，又把募得的五十八姓「徙雲霄地，聽自墾田」。㉚故陳氏軍事推進的過程，也就是「闢土開疆，招徠黎庶」的過程。其先後屯兵的據點，都成爲民庶樂業的鄉、里、邑聚。

陳元光繼承了父親耕戰結合的方針，而又輔以通商惠工。他在征討苗自成、雷萬興時，「其西北山峒之黎，林木陰翳不相通，乃開山取道，興陶鑄，通貿易，因土民誘而化之，漸成村落，拓地千里」㉛。可見其軍事進展爲農業、手工業和商業的發展開闢了道路，而經濟的發展又爲軍事的推進提供了必要的物質保證。

尤其可貴的是，陳元光父子對「蠻獠」實行軍事鎮壓與招撫感化相結合的方針。所謂「招撫土黎」、「因土民誘而化之」，「願附者撫而籍之」，都反映了陳氏注重招撫感化「蠻獠」的情況。即使對於戰俘，陳元光也注意區別對待其戎首和脅從，「誅首惡，徙頑民，而民始畏威見德」㉜，便是對此政策的形象說明。這樣的政策和措施分化了「寇盜」，減少了畬族先民在民族融合過程中的犧牲，同時使陳元光管領的民戶增加，保證了其境內生產的發展和兵源的補給，爲建州設縣創造了條件。

漳州建立後，境內獲得了一段較長時期的安寧。陳元光抓緊

大好時機，「勸課農桑，惠工通商」，並大興教化，使全州經濟、文化向前發展。這一時期漳州經濟、文化發展的成就主要有如下幾個方面：

1.興修水利，圍海造田

陳元光的親密助手丁儒在江東象山之原，即昔日柳營江開屯舊地「募民障海爲田，瀉鹵成淡」，使「沿江上下暫有耕地」㉝，爲鄉民開創了永世之利。這是漳州可以考見的最早的圍海造田的壯舉，此法很快在全州各地推廣，後世方志所載今漳浦、龍溪等地的「埭」，就是唐代開始修建而歷代逐步發展增多的㉞。此類水利和水利田的出現，極爲突出地表明了漳州生產力的長足進步。它標志著漳州某些進步地區已實現了從蒐狩爲生、刀耕火種向使用先進工具，掌握先進技術對大自然挑戰的巨大飛躍。

2.採用先進的耕作、栽培技術，引進新的農作品種。

這在流傳下來的丁儒的兩首遺詠中得到反映，其一有句云：「麥隴披藍遠」；其二有句云：「嘉禾兩度新」㉟。可知掌握了漢族先進工具和技術的漳州新居民，已經學會了種麥、種藍（一種可作染料的藍草），還發展了雙季稻。自然，他們還掌握了諸如麥田中種藍的套種技術，以及稻、麥輪作或種雙季稻所需的輪作、休耕技術。

3.發展了多種果物和經濟作物栽培，並學會了相應的作物加工技術。

丁儒的詩又曰：「橘列丹青樹，槿抽錦繡叢。秋餘甘菊艷，歲迫麗春紅。」「錦苑來丹荔，清波出素鱗。芭蕉金剖潤，龍眼玉生津。蜜取花間露，柑藏樹上珍。醉宜諸蔗瀝，睡穩木棉茵。」詩中出現的多種果物和經濟作物，在漳州尚爲「獠蠻之藪」的時

代，即使有之，也只能是野生植物，供獠民蒐採而已。如今卻已
成爲百姓村塢中種植的作物了。當然，內中有些品種也可能漳州
原來所無，而由入閩的軍民從外地傳來。詩中所云「蜜取花間露」，
或許表明此時漳州人民已從事養蜂釀蜜之業，但不能確定；至於
「醉宜藷蔗瀝，睡穩木棉茵」，則明顯標志著此時漳州已學會種
蔗製糖與加工木棉的方法。

4.商業和文化的進步

　農業和手工業的發展，必然推動商業的進步。陳元光開漳之
後漳州商業進步的情況，傳世文獻中保存下來的資料很少，但今
漳浦縣西南的溫源溪，據傳乃因武則天時胡商康沒遮來浴，投錢
十文，溫泉立漲，浴後水又減少而得名㊱。這段美麗的傳說，反
映出漳州建立後，隨著經濟的發展首次出現了外商的足跡，並且
開始有了錢貨的流通。僅此一點，足可見出當時漳州商業的進步
以及陳元光「惠工通商」政策的成績。

　陳元光在文化、教育方面是否有所興革，史文無徵，晚近譜
志及《全唐文》、《全唐詩》上雖有不少記載，但那是靠不住的。
不過，漳州建立僅一個世紀多一點，貞元八年（792年）便有龍
溪周匡業明經及第；元和十一年（816年），其弟周匡物進士及
第；越二年，漳浦潘存實又登進士第㊲。漳州建州僅百餘年，便
從蒙昧未開到連連有秀士蟾宮折桂，眞正是「縵胡之纓，化爲青
衿」㊳，其文化進步之迅速，無疑與陳元光開創漳州並推行較爲
開明的政策（包括文化政策）有關。

　上述這些經濟、文化成果，大部分在陳元光鎮漳、治漳時已
經取得，是陳元光直接促成的；也有一些出現在陳元光死後，這
部分成果也與陳元光的開闢、奠基分不開。當然，直接創造這些

成果的是勤勞、智慧的勞動人民，包括已經與漢族人民融為一體的畲族先民，即所謂「土黎」、「土民」。不過，要不是陳元光進鎮閩南，奏置漳州，則此地可能還要相當長期保持與世隔絕的原始落後狀態；要不是陳元光在治漳時推行重視經濟文化建設的政策，這些成果也可能推遲取得，或者成果沒有那麼大。作為領導者和組織推動者，陳元光對於漳州文明發展的貢獻是不能抹殺、也不應該低估的。

四、正確認識陳元光的是非功過，給予應有的歷史地位

既然陳元光在漳州的開發事業上卓有貢獻，又是唐朝征服「蠻獠」的功臣，何以唐代文獻極少提到他，在各種官修唐史中亦對他隻字不提呢？這個問題，必須從唐代統治者的門閥觀念和漳州在唐代的地位兩個方面尋找答案。

我們知道，魏晉以來形成的門閥觀念在唐初仍有廣泛而深刻的影響。士大夫動輒以門第和郡望相高，像陳元光這樣的嶺南豪帥，根本不可能為纓縷世族出身的朝士所齒。加之唐初的閩粵地區，在中原內地的人士看來，還是蠻荒僻遠的瘴癘之鄉，是安置貶官流人的去處。在這樣的地方多建一個州或少建一個州，打一些勝仗或敗仗，在他們看來都是無足輕重的小事，用不著為之多費筆墨。所以唐代文獻中極少關於粵東閩南地方人士的記載，偶爾有之，多半也是文人筆下用作茶餘飯後消閒的奇聞逸事。例如張鷟《朝野僉載》卷二中關於「陳元光設客」的記事，便把陳元光描繪成動輒殺人吃人的暴戾魔王，暴露出當時一般士大夫們對於嶺表情況的無知，以及對於邊鄙地方首領的歧視和誣蔑。士大

夫們以這樣的態度看待嶺表的人物和事件，在唐代文獻和官修唐史中又怎能找到陳元光應有的位置呢？

　　至於陳氏子孫所修的陳氏族譜，則從濃厚的尊祖敬宗感情出發，把陳元光視作開漳聖王盡情地加以歌頌和美化。由於唐宋時期官方文獻和正史對陳元光事蹟的失載，更給歷代陳氏族譜的編纂者們任意發揮和編造的自由，所以時代愈後，關於陳元光的種種記述愈帶上強烈的神化色彩。試看晚近所修的一種《陳氏族譜》所載「唐列祖傳記」：

　　　忠毅文惠公謚元光，字廷炬，號龍湖。行百五二，生於顯
　　　慶六年丁巳二月十六日子時。狀貌魁梧，豐采卓異。其表
　　　二十有九：天頭地足，鳳眼龍聳，豐唇均頤，輔喉犀齒，
　　　眷龜掌虎，澤股聲雷，阜頰方腸，林背淵臍，准末三山，
　　　口含一字，色如傅粉，眼若流波，丹綴雙珠，眉生八彩，
　　　後看如輕，前望如軒，手垂過膝，髮立委地，身高七尺四
　　　寸二分，腰大九圍一寸三分，胸有文曰輔世長民，是以聰
　　　時（應為「明」）蓋於一時，事業垂於萬世……㊴

這哪裡是人的形象，分明是神。陳元光已經被神化了。為了給這尊神增加更濃的神異色彩，各種陳氏族譜還編造出諸如陳元光十三歲領光州鄉薦第一，隨父萬里提兵入閩，博學多才，精通武略，著兵法射訣㊵，又有《玉鈐記》、《龍湖集》等詩文集㊶，死後朝廷贈謚有加，開元四年（716年）追封潁川侯㊷等等事蹟。只要稍有歷史常識，根本不會相信這些自相矛盾，悖謬顯然的謊言。遺憾的是，不少地方史志被感情蒙住了理智的眼睛，記述陳元光時不加辨察，直據家譜書之㊸，以至以訛傳訛，使陳元光的歷史真面目與無根的傳聞混為一談，益發模糊不清。

　　我們今天自然不會再有唐代士大夫的門第和地域偏見，也不會輕信某些譜、志編造的陳元光事蹟，特別是不會附和這些譜、志把陳元光鎮壓畬族先民的事蹟也當作英雄業績來歌頌，而對於某些民族史學者片面強調陳元光父子瘋狂鎮壓畬民起義的觀點㊹，我們也不贊同。誠然，以陳氏家族爲代表的漢族統治者與畬族先民的長期鬥爭，具有民族壓迫和民族征服的性質，是漢族強制地同化畬族先民。但是，我們也應該看到，同化的結果是先進的經濟、文化取代了落後的經濟、文化，是引導包括畬族先民在內的漳州人民迎來了文明大步發展的新時期。陳元光活動的多面性，帶來了對他評價的複雜性。如果從狹隘的政治鬥爭和民族鬥爭的角度來看問題，自唐高宗到唐德宗的百餘年間，粵東、閩西南地區刀光劍影，征戰不休。以陳氏家族爲代表的唐朝統治勢力進佔此地，發展和鞏固了統治，而畬族先民屢遭屠殺，最後被迫退出自己世代生長的地方。畬、漢勢力此消彼長，一退一進。在這個過程中，陳元光是唐朝的功臣，卻是畬族先民的罪人。立場不同，對於陳元光的是非功過可以得出完全相反的結論。但若從整個中華民族文明發展的角度看問題，這段歷史卻是漢、畬融合，漳州開發的關鍵時期。陳氏家族與畬族先民的恩恩怨怨畢竟是暫時的，漢、畬同化的結果促進了漢、畬文明的發展卻具有久遠的進步意義。陳元光推動了漢畬共同進步的歷史車輪，這是我們應該充分肯定的。更何況陳元光在同化過程中也不是一味實行屠殺和鎮壓，他盡了很大努力對畬族先民實行招撫感化，安輯流亡，建立漳州後又大力推行文治、禮讓，甚至有意識地推行民族和解與團結的政策。這種見識和策略在民族鬥爭的勝利者中還是比較難得的，勝利的統治者肆其淫威，生殺任情，窮兇極惡者倒是極爲常見。因

此，我們固然要指出陳元光有鎮壓畬族先民的事實，不迴避，不護短。但也不能纏住這點不放，而要在指出他的歷史和階級局限的同時，充分肯定他促進歷史進步的作用，以及他的軍、政措施中的積極、合理因素。

總的來說，陳元光是唐初漢、畬同化鬥爭中的一位主導人物。對於包括漢、畬人民在內的中華民族的文明發展來說，陳元光一生的活動功績是顯著的。我們應該把他作爲推動閩粵地區民族融合和文明發展的進步人物來認識地，給予應有的歷史地位。

還有一點必須指出的是，陳元光是潮州的地方豪強，即所謂嶺南首領。他所依靠的幕僚和將佐、軍隊也都是從閩、嶺本地羅致、組織起來的，也就是說，發生在唐初閩、嶺之際的民族同化、文明發展的威武雄壯的活劇，是以閩、嶺地方豪強地主爲主導力量一幕幕展開的，而不是如某些譜、志所言是從萬里之外的中原地區派來的軍事力量推展開的。這說明，自南朝末年崛起的南方豪強地主勢力，並未因隋、唐的統一而削弱，相反，他們的政治、經濟勢力仍在繼續擴展。陳元光作爲這股勢力的代表人物，應該引起治隋唐史者更多的注意。

【附　註】

① 唐初潮州轄今廣東平遠、梅縣、豐順、普寧、惠來以東地區及福建閩西南的部分地區；循州轄今廣東興寧、陸豐以西、新豐、博羅、惠陽以東地區；泉州治閩縣（今福州市），轄境相當除閩西北小部分地區之外的福建全部。

②⑫⑭⑮㉚㉛㉜㉝　《白石丁氏古譜·懿績記》，據漳州地方志編纂委員會86年整理刊印本，下同。

③　《全唐文》卷609，劉禹錫《唐故福建等州都團練觀察處置使福州刺史兼御史中丞贈左散騎常侍薛公神道碑》。

④　唐代交通路線，越大庾嶺至嶺南，先至韶、廣，循潮爲嶺表之末；從浙江須江越仙霞嶺或從光澤、福鼎入閩，先至閩北、閩中，閩西南爲閩之末。

⑤　《資治通鑑》卷194—210。

⑥　《白石丁氏古譜》引《八閩通志・方域》。

⑦㉗　《閩書》卷41《君長志》。

⑧　《資治通鑑》卷201，《唐紀》17「總章二年」條。

⑨　對此，筆者已另作《〈龍湖集〉的眞僞與陳元光的家世和生平》（載《福建論壇》文史哲版89年5期）詳加辨析，此處不贅。

⑩⑱　嘉靖《廣東通志》卷292。《列傳・潮州・陳元光》。

⑪⑫⑰光緒《漳州府志》卷24，《宦績・陳政》。

⑬　《全唐詩》卷45「許天正」。

⑯　《范陽盧氏宗譜・渡江序》據漳州地方志編纂委員會整理刊行本，下同。

⑳㉑㉒㉔　光緒《漳州府志》卷24《宦績・陳元光》。

㉓㉟　《白石丁氏古譜》丁儒詩《歸閑二十韻》。

㉕　《范陽盧氏宗譜・盧公行狀》。

㉖㊵　康熙《漳浦縣志》卷14《名宦》。

㉘　宋・吳輿《漳州圖經序》，《永樂大典》引《臨汀志》。

㉙　南宋劉克莊《漳州喻畬》（見《後村大全集》）尚作如此描述，推知唐時獠蠻生活、生產近此而更落後。

㉞　康熙《漳浦縣志》卷10《方域上》，光緒《漳州府志》卷14《賦役上・田賦考》

㊱　《八閩通志》卷8，《地理・山川・漳州府》。

㊳　《全唐文》卷390，獨孤及《福州都督府新學碑銘序》。

㊴　檳城緞羅申鴻文所印《陳氏族譜》。

㊶　康熙《漳州府志》卷18藝文，檳城緞羅申鴻文所印《陳氏族譜》。

㊷　《閩書》卷41《君長志》，清修《廣東通志》卷292《列傳・潮州・
　　陳元光》，康熙《漳浦縣志》卷14《名宦》。

㊸　乾隆《漳州府志》卷24《宦績・陳元光》纂者按語。

㊹　蔣炳釗《畬族族源初探》，載《畬族研究論文集》，民族出版社，
　　1987年，北京。

（原載《海峽兩岸文化交流史料》1990年華藝出版社）

柒、漳州初建時期實行
羈縻州制說

　　漳州自武則天垂拱二年（686年）設立①，至德宗貞元（785
──）初年的一個世紀中，州政一直掌握在陳元光家族手中。這
個時期漳州實行的是一種特殊的地方行政制度，社會發展也自成
一個特殊階段，與其後的歷史時期迥不相同，因此我們把它稱爲
漳州初建時期。揭示漳州初建時期特殊行政制度的內容與實質，
正確評價這一時期漳州社會發展的狀況，對於了解陳元光的歷史
地位與作用，了解漳州早期開發史的眞相，都是有益的。

一、陳氏把漳州作爲自己的世襲領地

　　漳州是在以陳元光爲首的地方武裝平定了閩南粵東長期的「
蠻獠」之亂後建立起來的。陳元光以地方首領兼平亂功臣的身份
奏置漳州並出任漳州首任刺史。關於這段史實，第一手資料多已
失傳，如今可以見到的有關記載撲朔迷離，大都帶有濃厚的傳說
色彩，有許多附會失實之處。儘管如此，這些記載仍或多或少保
留漳州早期開發史的史影，只要我們認眞進行去僞存眞的分析工
作，還是可以看清漳州早期歷史的基本輪廓。

　　首先要明確的是漳州初建時期轄區的位置及這一區域在漳州
未建時的行政歸屬。我們已經知道，《全唐文》收入的二篇所謂
陳元光的表文是後人僞作，不足爲據。那麼今天所能見到的關於
漳州初建情況的最早文獻，便是《元和郡縣志》兩《唐書・地理

志》和宋人吳興的《漳州圖經序》。《元和郡縣志》的記載很簡略，只云：「漳州，本泉州地，垂拱二年析龍溪南界置，因漳水為名。初置於今漳浦縣西八十里。」②兩唐志與此略同。吳興《漳州圖經序》較詳，移錄於下：

> 謹按本州在《禹貢》為揚州之南境，周為七閩之地，秦漢為東、南二粵之地。漢武平粵，為東會稽冶縣並南海揭陽之地。晉、宋以來，為晉安、義安二郡之地。皇唐垂拱二年十二月九日，左玉鈐衛翊府左郎將陳元光平潮州寇，奏置州縣，敕割福州西南地置漳州。初在漳浦水北，因水為名。尋以地多瘴癘，吏民苦之，耆壽余恭訥等乞遷他所。開元四年（715年）敕移就李澳川置郡，故廢綏安縣地也。自初置州，隸福州都督府，開元二十二年（734年）四月二十二日，敕割隸廣州。二十八年敕復隸福州。州本二縣，一曰漳浦，即州治也。一曰懷恩，二十九年十一月二十二日，敕以戶口逃亡，廢之，併入漳浦。……③

從這段記載可以看出，漳州初建時的地盤，本來一直分屬於兩個不同的行政區劃：其北部舊屬漢代的冶縣，晉、宋的晉安郡，唐代的泉州；其南部舊屬漢代的南海王國或揭陽縣，晉、宋的義安郡，唐代的潮州。又從陳元光自祖父以來世居義安郡或潮州，建州緣起也是由於平潮州寇而來，且漳浦、懷恩二縣主要屬廢綏安縣地，而綏安縣本屬義安郡④的情況來看，當時漳州地盤的大部分本是屬於潮州的轄境。漳州設置後很長一段時間劃歸嶺南道⑤，也是基於這一歷史背景。

　　古代中原通嶺南的路線，或從海道直達廣州，或從陸路越五嶺經韶州（今韶關）趨廣州，無論哪一條路線，潮州都不在交通

要道上，所以潮州在嶺南範圍裡仍是最偏遠荒涼的地方。從福建方面來說，古代從中原入閩或經江西通過今在光澤縣境的杉關南下，或經浙江通過今在浦城縣境的仙霞嶺南下，或經浙江通過今在福鼎縣境的分水關南下；也可以從海道直達福州。泉州最南端同樣也不在任何一條路線的交通要道上，同樣是福建境內最偏遠荒涼的地方。漳州境域在地理上的這種特點，使它在唐初以前，一直是中原王朝統治力量鞭長莫及的地區，因而也就成為南方少數民族「蠻獠」長久聚居的重要根據地。

　　唐初朝廷有意經略這塊久不賓服的南蠻荒僻之區，但中原的統治力量仍然無力直達這一區域，不得不借重當地豪強勢力。陳元光家族乘時而起，平蠻開漳，幹出一番「變家為郡」的大事業。關於陳元光家族平蠻的事蹟，已見前面諸篇所述，關於陳元光「開漳」並獲任漳州首任刺史的經過，則以康熙《漳浦縣志》所記比較整飾，有代表性。茲將有關段落節錄於下：

　　　嗣聖三年，（陳元光）疏言：周官七閩，宜增為八。請建一州泉潮間，註刺史領其事。時朝議以為遐方僻壤，萬一建官不諳民土，民反受害。元光父子久牧彼土，蠻畏民懷，莫如令其兼秩領州。朝旨可之。遂給明諭，俾建漳州、漳浦郡、邑於綏安。仍世守刺史，自別駕以下得自辟置。元光疏：山林無賢，而部曲子弟馬仁等多有幹略，請授為司馬等職。從之。

這段記載當然也是真假混雜。如「周官七閩，宜增為八」云云，不可能出自陳元光之口，因為所謂「八閩」，是很遲才出現的說法，以之概指福建境內的八個府州，而唐代福建境內尚無八個州級建置，唐代人是不可能有此種議論的。不過，記載的基本內容

與唐宋有關文獻所載不悖，與陳元光的身份也符合，因而大體上是可信的。從中我們可以獲悉三點重要信息：

第一，漳州之設是由陳元光主動向朝廷建議⑦，其境域就是新被陳氏勢力征服的粵東閩西南地區。由此看來，以陳元光爲代表的地方勢力在與「蠻獠」進行殘酷鬥爭的複雜形勢下，加強了對朝廷的向心力。他們的願望與急欲把統治權擴大到粵東閩西南地區的朝廷的意圖合拍，因此漳州的設置便如水到渠成一般，很快被批准了。

第二，所謂「朝議以爲遐方僻壤，萬一建官不諳民土，民反受害」云云，反映出其時朝廷尚無力量直接統治這塊新歸化地區，只能借助願意效順的地方勢力實行間接統治。讓陳元光出任漳州首任刺史，並答應讓其家族世襲刺史，州縣僚屬由刺史自行辟置，這些都是在特定形勢下對地方豪強的特別讓步。

第三，陳元光以山林無賢爲由，把州縣僚屬職務統統授給自己的部屬親信，朝廷「從之」，實質上是不得不默認這種既成事實。這說明在當時的漳州，一方是陳氏爲代表的地方豪強勢力，另一方是作爲陳氏對立面的「蠻獠」，此外並無其他有份量的政治力量。正是在這種形勢下，陳元光才得以「變家爲郡」。漳州名義上成爲朝廷的一個行政區，實際上成爲陳元光家族的獨立王國。

據有關文獻記載，陳元光任漳州刺史直至景雲二年（711年）他在戰爭中陣亡爲止⑧，前後達二十六年之久。其後陳珦繼承父職，直至開元二十五年（737年）因年老退位爲止，任漳州刺史也長達二十七年⑨。其間漳州的主要僚佐爲馬仁、許天正、盧如金、戴君冑、丁儒等人⑩，都是陳家老部下，即所謂「部曲子弟」。

可見陳氏家族對於漳州的統治，在陳元光及其兒子陳珦的時期沒有受到朝廷的干預。

陳珦死後，唐王朝曾想改變漳州的政治格局，違背了讓陳氏世襲刺史的許諾，改派殳伯梁前來就任漳州刺史，又派許平國任漳州僚屬。這一舉措遭到陳氏勢力的強烈反對。他們對殳伯梁、許平國的行政設置了諸多障礙，最後由一批地方耆老出面「詣闕陳奏」，要求朝廷罷免殳伯梁等，任命陳元光之孫、陳珦之子陳酆繼位。朝廷看到陳氏勢力在漳州盤根錯節，一時難以動搖，便再次作出妥協，批准了耆老們的要求。於是漳州刺史之位又歸還陳氏。陳酆在位二十九年，直到大曆十四年（779年）病故⑪。

陳酆臨終時命兒子陳謨繼位刺史。陳謨繼位後行事魯莽，獨斷專行，沒有處理好陳氏勢力的內部關係，激起了民憤，導致一批耆老向上級控告。朝廷趁機派柳少安為漳州刺史。柳少安任職四年，於貞元二年（786年）奉召回朝，陳謨又擅自接管州政，造成既成事實，才通知福建觀察使盧惎⑫。朝廷出於無奈，承認了陳謨的地位，不久正式授予他漳州刺史之職。

陳謨如何去位，史、志失載。但知自陳謨之後，漳州刺史都是朝廷委派的外來官員，陳氏主宰漳州的時代一去不復返了。顯然，經過一百多年的發展，漳州地區的社會發展程度已大大提高，在漳州的政治文化格局中，一股不受陳氏家族支配的親近朝廷的力量已經滋長壯大起來；甚至陳氏陣營中的一部分人，也因接受教育提高了儒家文化修養之故，逐漸產生了改變現狀讓漳州向內地州郡看齊的願望。朝廷利用封建政治、經濟、文化對漳州的強大影響，也利用漳州的新生政治力量，不斷分化陳氏勢力，多次試圖把漳州納入正常的封建政治軌道中。經過幾次反覆，成功地

抓住了陳謨去位的契機，結束了漳州由陳氏家族支配的特殊政治
體制，把正常的封建行政制度扎根到漳州土地上。

二、漳州初建時期的政治體制屬於羈縻州制

要認識漳州建州初期實行特殊政治體制的實質，必須對唐代
通行的州郡制度有一個基本的了解。

唐代實行州、縣二級地方行政體制。州一級又分正額州與羈
縻州兩種。其正額州在中原、內地及歸化已久的沿邊地區實行，
官員自刺史以下，直至品位甚低的州文學一類的僚佐，皆由中央
吏部選授。他們每年都要接受吏部考功郎中的考核，經過一定的
年限（一般是二、三年三、四年不等，但很少長達七、八年以上
的）便根據考核情況決定升黜遷調。州中的戶口、財賦情況，要
造成詳細帳冊定期呈報上司和中央。也就是說一州的人事和財賦
權都由中央牢牢掌握⑬。

唐太宗曾一度有過讓若干開國元勳世襲刺史的想法，受到元
勳長孫無忌、褚遂良，大臣李百藥等的堅決反對，不果實行。此
後唐王朝的政治方向，朝著加強中央集權的方向發展，不但刺史
不能世襲，一般州縣處在朝廷的嚴格控制之下，就連宗室子弟封
王賜爵者，也只是「有其名號，而無國邑，空樹官僚，而無蒞事，
聚居京輦，食租衣稅」而已⑭。所以唐代的正額州郡，決不可能
出現如漳州初期所見那種刺史終身任職，子孫世襲、僚屬自辟的
做法。

至於羈縻州，據《新唐書》卷43下《地理七》所載，大體情
形是：「唐興，初未暇於四夷。自太宗平突厥，西北諸蕃及蠻夷
稍稍內屬，即其部落列置州縣，其大者為都督府。以其首領為都

督、刺史，皆得世襲。雖貢賦版籍，多不上戶部，然聲教所暨，皆邊州都督、都護所領，著於令式。」由此看來，對羈縻州的特點可作如下概括：

㈠設置羈縻州的地區，都是唐太宗以來逐漸內附的邊境少數族地區；

㈡羈縻州的都督、刺史由該地區原有的土著首領擔任，實行世襲制。首領的名號改變了，其原有的地位和權益不變；

㈢羈縻州不負擔正額州縣應負擔的租稅賦役，不與朝廷的戶部發生關係，只是以某種貢賦的形式表示對朝廷的賓附地位。朝廷委託邊州都督或都護對其鄰近的羈縻州實行鬆散的管理，主要是傳宣教化等象徵性、禮節性內容。

羈縻州的具體史例很多，下面且以貴州東謝、南謝、牂牁諸蠻地所置州爲例略加說明。

《舊唐書》卷197《南蠻·西南蠻傳》載：「東謝蠻，其地在黔州之西數百里，南接守宮獠，西連夷子，北至白蠻。土宜五穀，不以牛耕，但爲畬田，每歲易。俗無文字，刻木爲契。散在山洞間，依樹爲層巢而居，汲流以飲。皆自營生業，無賦稅之事。……其首領謝元深，既世爲酋長，其部落皆尊畏之……貞觀三年（629年），元深入朝……以其地爲應州，仍拜元深爲刺史，隸黔州都督府。又有南謝首領謝強，與西謝鄰，共元深俱來朝見，爲南壽州刺史，後改爲莊州。」

同書同卷又載：「牂牁蠻，首領亦姓謝氏。其地北去充州一百五十里，東至辰州二千四百里，南至交州一千五百里，西至昆明九百里。無城壁，散爲部落而居……風俗物產，略與東謝同。其首領謝龍羽，大業末據其地，勝兵數萬人。武德三年（620年），遣

使朝貢，授龍羽羒州刺史，封夜郎郡公。……開元十年（722年）閏五月，大酋長謝元齊死，詔立其嫡孫嘉藝襲其官封。」

以上以蠻夷部落所置之應州、莊州、羒州，都由部落大首領充刺史，子孫世襲，都是羈縻州。《新唐書》卷43下「羈縻州」節載：「羒州，武德三年以羒柯首領謝龍羽地置，四年更名晿州，後復故名。初，羒、琰、莊、充、應、矩六州皆爲下州，開元中降羒、琰、莊爲羈縻，天寶三載（744年）又降充、應、矩爲羈縻。」「莊州，本南壽州，貞觀三年以南謝蠻首領謝彊地置，四年更名。」「應州，貞觀三年以東謝首領謝元深地置。」

上舉三個羈縻州的實例，都具備我們總結的羈縻州的特點。但在《南蠻、西南蠻傳》中，都只載其首領歸朝，以其地置州之事，俱未點明所置州爲羈縻州。這是第一點應引起我們注意之處。第二點可注意之處是，羒，琰、莊、充、應、矩六州初置之時，朝廷曾想把它們列爲正額州，但這些州事實上與一般正額州很不相同，朝廷難以直接統治這些新歸化的少數族區域，不得不相繼把這些州改爲羈縻州。

把漳洲初建時的情況與羈縻州的共同特點及上述三個羈縻州的實例相比照，完全可以斷言，初建時期的漳州實施的特殊政治體制就是羈縻州制度。首先是當時漳州地區確實是剛剛歸附於朝廷的「蠻夷」之區。所謂陳元光的兩篇表文雖然是後人僞托的，其中描繪的漳州建州前的社會狀況倒比較近於實際，如說「左袵居椎髻之半，可耕乃火田之餘」；「所事者蒐狩爲生，所習者暴橫爲尙」；「蛇豕之區，椎髻卉裳，盡是妖氛之黨」云云，都說明唐初九龍江以南、韓江以北的廣大區域仍是蠻獠聚居之地。這一點認識，若從漳州後來的發展狀況反觀，也能得到進一步印證。

據劉克莊的記載，南宋時漳州四境仍多畬族（即唐時蠻獠後裔），寧宗時漢族政權一度僅能退縮到州治所在的龍溪縣城，離開州城南出至數里之遙的木棉庵，民俗即已不同。所謂「庵遠人稀行未休，風煙絕不類中州。何需更問明朝路，才出南門極目愁。」⑮便是南宋時漳州畬族勢力之盛的眞實寫照。從唐初到南宋，歷史前進了五百多年，漳州一帶「蠻獠」之裔尚且如此人多勢衆，則在唐初，漳州地區應該基本上是「蠻獠」聚居的世界。這一蠻夷之區在陳政、陳元光進駐、平亂之後才歸附朝廷，陳政、陳元光分別被朝廷授予歸德將軍、懷化大將軍身份，正是經由他們的努力漳州地區才剛剛歸附朝廷的有力證明。

　　其次是陳元光的土著首領身份，及其家族在一百多年間壟斷漳州刺史權位的情況，也與羈縻州的都督、刺史由本地首領擔任，並由其子孫世襲的特點相符。這一些，我們已反覆論述過，無須多贅。下面我們要討論的是，漳州初建時期是否存在「貢賦版籍，多不上戶部，然聲教所暨，皆邊州都督、都護所領」的情況？

　　按嘉靖《龍溪縣志》有「唐黃都護衣冠墓」一條記事，載云：「在二十九都石美社西庵埔。端明殿學士馮道《志銘》略曰：公諱某，字某，號鑑湖。本固始人。四世鎮臨漳，五世樂土俗。遷篁坑也。」根據這條記載，我們可以確定的是古時漳州屬下龍溪縣石美社曾有黃都護衣冠墓一項古蹟，但黃都護何許人，卻並不明了，因爲這短短的記載存在許多疑點。

　　疑點之一是馮道和黃都護的關係。馮道五代時人，曾歷事後唐、後晉、後漢、後周四朝，做過六位皇帝的宰相，是一位歷史名人。其任端明殿學士在後唐明宗時，終身未曾到過南方。假如馮道確曾爲這位黃都護寫過墓志銘，那末黃都護應是唐末五代初

人，其所鎮守的臨漳，應是臨漳縣，在今河南省北部。但臨漳縣是內地重鎮，並非邊州，鎮守其地的將官不應稱為都護，而且唐末五代初期的臨漳鎮將也很難與遠在南荒邊鄙的龍溪縣發生關係。因此，頗疑馮道為黃都護作墓誌銘云云，並非史實，只是出於喜歡攀附名人的好事者的偽托。

疑點之二是黃都護的字號，里貫和經歷，都與流俗所傳陳元光的家世經歷極為相似。我們知道，明萬曆之後的陳氏族譜和有關方志，都出現了陳元光號龍湖，河南光州固始人的說法，而其家世又恰好是四世守漳州。如果把黃都護「四世鎮臨漳」之臨漳理解為漳州（雖然漳州從來未被稱為臨漳，只曾稱為清漳，但龍溪縣登高山有一臨漳臺。），則這位黃都護與晚近譜誌編造的陳元光簡直合若符契。考慮到嘉靖《龍溪縣志》中關於陳元光的記載還比較近真，只說陳元光河東人，尚未出現後世那些攀附偽托不實之詞，是否可以這麼設想：該《志》關於黃都護的記載真假混雜，有許多的偽托不實之詞，也保留了某些真實材料，而後世譜、誌對於陳元光名、號、里貫的編造，倒是剽竊了《志》中黃都護的材料，把它移花接木般地統統加到了陳元光身上。

那麼實際上黃都護與陳元光有沒有什麼關係呢？當然這也有兩種可能，一種是兩者之間毫無關係，另一種是陳元光四世守漳州之時，黃都護恰好曾作為嶺南都護，負有監護漳州之責。所謂「唐黃都護」之唐，不是後唐，而是正二八經的唐朝。如果屬於後一種情況，則正合羈縻州「聲教所暨，皆邊州都督、都護所領」的制度。史缺有間，材料不足，這一點尚不能論定，但作為一種可能，目前也無法完全加以排除。

總之，漳州初建時期的特殊政治體制，既與羈縻州制度的基

本特徵無違，也與唐代南方一些羈縻州的實例相似，當時的漳州屬於羈縻州制是無疑的。

三、漳州初建時期的社會發展狀況

漳州初建時期實行羈縻州制的問題既明，則對其時漳州經濟文化和社會發展水平也應重新估價。

要正確估計漳州初建時期經濟、文化和社會發展的水平，首要的問題仍然是資料的考訂核實問題。我們業已考證出所謂陳元光的《龍湖集》，包括他的二篇表文，基本上出自明末以來某些人的偽托，難以以之作爲立論的依據。晚近譜、誌關於陳氏家族及其部屬的記載，也有不少偽托的成份。對此我們尚未一一進行嚴格的清理，這裡先就與本題有關的幾個問題進行考訂，然後結合相關材料對漳州初建時期的經濟、文化和社會發展狀況作一大致的概括。

1.陳珦辦松洲書院教化士民的問題

晚近編成的有關譜志，把陳元光之子陳珦描繪成一個滿腹經綸的文儒秀士，先舉明經及第，繼登王維榜進士，做過翰林承旨直學士。對此，我們已經詳證其完全是後人的主觀臆造⑯，這裡不再重覆。但有關資料又說他嗣聖十三年舉明經及第，授翰林承旨直學士後「見武后稱制，上疏乞歸養。使主漳州文學。龍溪尹席宏聘主鄉校。乃闢書院於松洲，與士民論說典故。」⑰這段材料直接關係到正確認識漳州初建時期文教狀況的問題，它的真實性如何呢？

我們說，這段材料也是後人偽造的。首先，它完全顛倒了陳氏家族與武周政權的關係。大家知道，陳元光平蠻、開漳，始於

唐永隆二年（681年），至景雲二年（711年）他戰死為止。其間
永隆二年至神龍元年（705年）的二十五年，正是武則天專權乃
至篡唐立周自為女皇的時期。陳元光奏置漳州的垂拱二年（686
年），武則天已經臨朝稱制，當時的皇帝睿宗李旦不過是個傀儡
而已。所以陳元光實際上是向武則天奏請建州而獲得批准。他從
一位低級軍官被提拔重用，步步高升，終於成為一州之主，也與
武則天的支持、信賴分不開。可以說陳元光家族是武周新政權的
受益者，也是武氏篡唐自立的社會基礎。職此之故，張鷟在《朝
野僉載》中把陳元光稱為「周嶺南首領」，北宋初編成的《太平
廣記》把陳元光與武則天的鷹犬索元禮、周興、來俊臣、侯思止
等相提並論，同置於「酷暴一」卷中⑱。因為他們都看清了陳氏
家族效忠於武周政權的歷史真相。後世譜、志作者不察此中奧妙，
為了美化陳珦，硬說他「見武后稱制，上疏乞歸養」，似乎陳珦
是忠於李唐皇室的志士仁人。殊不知這樣一來，卻把陳珦推到了
與陳元光對立的立場上，那麼他的孝子形象豈不又維持不了嗎？
再則，譜、志說陳珦是在嗣聖十三年明經及第並授命為翰林承旨
直學士之後才「見武后稱制，疏乞歸養」的，這在時間上、情理
上也都說不通。須知嗣聖十三年就是萬歲通天元年，此時武則天
已不是當皇后稱制的問題，她已經當了六年大周女皇帝了！「博
學多才」的陳珦怎能到此時才看到「武后稱制」？而且已經食了
六年的周粟，還辛辛苦苦考取了大周的科名，當上了美官，再轉
過來「疏乞歸養」表示氣節，豈不滑天下之大稽！在這裡，編造
者知識之淺陋，手段之拙劣，真是暴露無餘了。

退一步說，陳珦並非為了不滿武后稱制而疏乞歸養，他這樣
做另有原因，那麼，歸養就應回到當時漳州治所（在今雲霄縣）

去，一面作州里的文學，一面照顧父母，卻怎麼跑到當時尚屬泉州的龍溪縣，主持鄉校、辦起書院來了呢？看來，編造者在這裡又犯了一個漳州建置沿革方面的錯誤。他們不知道陳元光在世時龍溪與漳浦二縣分屬二州的歷史，而以後來龍溪縣作為漳州州治的情況，去臆造陳珦「歸養」後的活動，因而又露出了作偽的馬腳。

如果撇開陳珦不滿於武后稱制，疏乞歸養云云，他是否有在龍溪縣的松洲辦書院的可能性呢？回答是不可能。因為我國歷史上最早出現書院的名稱，是在唐玄宗開元年間，那時候朝中先後設立過麗正殿書院、集賢殿書院。不過這種書院是朝廷藏書和修史的機構，不同於後來作為講學授徒教育人才的書院。講學授徒教育人才的書院肇始於南唐昇元四年（940年）的白鹿洞學館，但也只有書院之實，尚無書院之名。這類書院的正式名稱是到宋代才有的⑲

。漳州初建時是一個很落後的羈縻州，當然不可能比正式書院早二百多年創造出松洲書院的奇蹟。陳珦「闢書院於松洲」云云，實屬子虛烏有。

2.關於許天正博學能文問題

許天正是跟隨陳政入閩平蠻的部將，後來成為陳元光的重要輔弼。有關譜、志竭力渲染他「博學能文」，說他教過陳珦，曾與陳元光詩歌唱和，還說「裴探訪與張燕公荐於朝，欲掄掌史館」。⑳這裡「博學能文」是泛泛之言，讀過幾年書，能處理軍中文書，相對於目不識丁的大老粗來說即可稱為「博學能文」，可置不論。至於許天正是否大受朝臣賞識，竟至要薦其「掌史館」，則關係到當時漳州的文化水平，也須弄清究竟。

　　按張燕公即張說，文才蓋世，是武則天至唐玄宗時的重臣和名臣。他被封爲燕國公在開元元年之後，首次兼修國史是在開元七年（719年）㉑。按理，張燕公要把許天正薦於朝，使掌史館，應在他封國公並負有修國史責任以後，即在開元七年之後。但是，即使許天正於總章二年（669年）隨陳政平蠻時只有二十來歲，至此也已七十多歲了。玄宗朝人才濟濟，卻要從蠻荒偏遠之地薦一位耄耋之年的裨將入朝掌史館，豈有此理？

　　裴採訪不知何人。但前已論及，採訪使一職始設於玄宗開元二十一年（733年），此時許天正要是還活著，已有八十多歲，哪裡還談得上被裴採訪薦掌史館之事呢？

　　總之，陳珦關松洲書院與許天正被朝臣推薦掌史館之事皆屬無稽，不能作爲我們立論的依據。

　　然則漳州初建時期經濟、文化發展的眞實情況到底如何呢？對此，我們還是要從當時漳州社會經濟緩慢而又艱苦的進步談起。

　　經濟的進步與自然條件有關，同時也與社會的安定狀況和人口的多寡有關。漳州初建時期，這些條件都不太有利。以自然條件而論，當時陳元光武裝集團活動的主要區域以今雲霄縣境的漳水流域爲中心，北及於今漳浦縣境，南及於今詔安縣境。勢力範圍則大體以陳元光所建四個行臺爲標幟。這四個行臺是：一在泉之遊仙鄉松州堡（今漳州市薌城區北郊），上遊直抵苦草鎮（在今龍巖市）；一在漳之安仁鄉南詔堡（在今詔安縣），下遊直抵潮之揭陽縣；一在長樂里佛潭橋，直抵沙澳里太母山（在今漳浦縣）；一在新安里太峰山，回入清寧里廬溪堡，上遊直抵太平嶺而止。（在今平和縣）㉒這一帶山巒連綿，平原較少，交通梗阻，到處是蔽天塞野的樹木和雜草。溫熱多雨的氣候，使得叢叢莽莽未

被開發的草木自生自滅，腐爛發臭；毒蛇猛獸出沒其間，疾疫橫行肆虐，時人稱之爲瘴癘。陳元光率領部曲子弟一邊與「蠻獠」作戰，一邊建寨開屯，篳路藍縷，以啓山林，進行了艱苦的創業工作。但是在生產力十分低下，科技衛生知識貧乏的情況下，開闢工作一般只限於自然條件較好的一些聚落。而且，已經形成的縣邑、村落常因躲避瘴癘之故而遷移。漳州州治的一再遷移就是因舊治瘟疫（即瘴癘）流行之故。最初州治設在陳政最早進屯之處（在今雲霄縣境），開元四年遷於李澳川（今漳浦縣城附近），乾元二年（759年）又遷於新劃入漳州的龍溪縣㉓，原因都是舊治「有瘴」。

　　離州縣治所和主要村落稍遠之處，基本未被開發。例如今屬平和縣的三平山，在唐武宗、宣宗時期，還是山都木客和蠻獠出沒之區。相傳著名的義中禪師在會昌五年（845年）武宗廢佛之際來此卓錫，屢被岩居穴處的鬼祟侵擾，後來義中禪師征服了這些鬼怪，馴服者跟隨義中供指使，即其「身毛楂楂」，被義中稱爲「毛侍者」；不馴服者「化爲蛇虺」逃去㉔。據學者考證，這「毛楂楂」岩居穴處的毛侍者實即古時住在閩、粵、贛交界的大山區的山都木客；「化爲蛇虺」云云，則是以蛇爲圖騰的另一種深山居民，很可能就是史書所稱之「蠻獠」㉕。這三平山處在龍溪縣治的兩邊，其西南側就是陳元光所建第四座行臺的所在地太峰山。在當時應是陳元光巡警曾經之地，也就是處在陳氏集團的勢力範圍之內。可是此地在漳州建州一百七八十年之後仍然如此荒涼落後，其在漳州初建時期的原始狀況是不難想見的。

　　以社會安定狀況而論，漳州初建時期可謂大戰小仗接連不斷，「蠻獠」人民從未停止過反抗鬥爭。比較大的戰事，有景雲二年

（711年）「蠻獠」首領雷萬興、苗自成率眾從潮州進攻漳州之戰，陳元光就是在此役中被藍奉高所刃而卒的；緊接著有開元三年（715年）陳珦為父復仇，舉眾進擊「蠻獠」所居之山峒，襲殺藍奉高而返；繼而又有陳元光之曾孫陳謨在貞元年間「平廣寇」之役，規模可能也很大，故爾此役之後陳謨因功「授中郎將兼漳州刺史」。至於較小的戰事則數不勝數，所謂許天正「平惠潮虔撫寇，置堡三十六所」㉖，及父伯梁任刺史時「盜賊迭起於澗壑，老羸逃竄於山林」㉗，所言雖不無誇張，確也反映了那個時期被征服的「蠻獠」族人不斷反抗鬥爭的史影。

自然條件的惡劣和社會常年征戰不息、動亂不安，造成了漳州初建時期戶口增長緩慢，有時甚至呈現急劇耗減之勢。一般譜、誌所載，陳元光之父陳政曾統府兵五千六百名進駐綏安故地，其後陳政之母、兄又領軍校五十八姓前來增援，因而進屯梁山之外，作宅火田村而居。雖然，如我們已經考證清楚的，把陳政所統軍隊說成府兵是不恰當的，增援的五十八姓軍校也非來自河南，而是在九龍江流域就近召募所得㉘，但剔除偽托不實成份，陳政、陳元光父子所統部曲兵將有數千之眾大體還是可信的。這數千部曲兵將一邊屯墾一邊作戰，是兵農結合性質，各有家眷隨軍㉙，因而僅就陳氏集團而言，已有數千戶之眾。當初始建漳州時，應即以這數千戶兵民為基礎，加上歸附的「蠻獠」和一些流移至此的漢人，組成了漳浦、懷恩二縣。可是漳州建立幾十年之後，從幾種可以考見的官方記載看，戶口並沒有增加，反而減少了。例如《元和郡縣志》所載漳州開元年間的戶數，才1,690戶；又過了七八十年，到元和年間，合漳浦、龍溪、龍岩三縣戶數才1,343戶。兩《唐書·地理志》的戶口數字不知以何年為準，但《

新唐書・地理志》漳州包括龍溪、龍岩、漳浦三縣，乃是大歷十
二年龍岩來屬以後的數字，總計也只有5,346戶，17,940口㉛。
扣除龍溪、龍岩二縣，漳浦（含廢懷恩縣，即開元以前的整個漳
州）的戶數，應爲總數的三分之一左右，與《元和郡縣志》所載
差不了多少。這裡不排除有官方統計不實的問題，但因爲戰爭和
疾疫造成人民死亡、逃散，顯然也是漳州初建時期戶口徘徊不前
甚至減耗的重要原因。懷恩縣開元二十九年（741年）撤消、併
入漳浦縣，就是因爲戶口逃散到不足以維持一個縣的建置所致。

　　基於上述認識，我們一方面要肯定漳州的建立對於閩南開發
史的重要推動作用，肯定陳元光爲漳州的建立和發展所作出的重
大貢獻，但對於漳州初建時期的經濟進步決不能估計過高。相對
而言，在唐代江南東道諸州中，漳州與毗鄰的汀州是最遲被開發，
社會發展水平也相對最低的兩個州。就戶口數字而言，這兩個州
的戶口也最少，與福建境內其他三州（福、建、泉）相比，不到
其十分之一；其中元和時的戶口數，漳州又比汀州少一千多戶㉜。
足見其時漳州的落後狀況。德宗貞元間詩人顧況祖餞故人張登出任
漳州刺史，作詩送別曰：

　　　　故人窮越徼，狂生起悲愁。山海萬里別，草木十年秋。
　　　　鞭馬廣陵橋，出祖張漳州。促膝墮簪珥，鬩幌戛琳球。
　　　　短題自茲簡，華篇詎能酬？無階承明庭，高步相追遊。
　　　　南方榮桂枝，凌冬捨溫裘。猿吟郡齋中，龍靜檀欒流。
　　　　薜麑莫徭洞，網魚盧亭洲。心安處處安，處處思遐陬。

詩人的本意是要安慰被派往山海萬里之外百越之徼任職的朋友，
所以也搜尋出「南方榮桂枝，凌冬捨溫裘」一類的話來寬慰朋友，
但漳州當時的荒涼寂寞狀況畢竟是客觀現實，因此在詩人的筆端

也不能不有所流露：「猿吟郡齋中」，說明漳州的荒涼破敗，人口稀少，故爾野猿竟然跑到刺史衙門吟嘯；「薜鹿莫徭洞」，說明當時漳州在州城之外到處是莫徭——詩人對「蠻獠」的稱呼——居住的山洞，那裡人們慣常的生產方式是狩獵捕魚，所以詩人勸朋友不妨入鄉隨俗，閒時以狩獵、捕魚活動來打發日子，自我消遣。可以說，這首詩是漳州初建時期社會和經濟狀況的形象概括。

社會經濟的落後決定了漳州初建時期文化和教育的落後。漳州興建學校始於何時，史文無徵，但可以肯定的是，陳元光時期尚無學校之設，其子陳珦還要交由許天正教授，可以爲證。學校興設較遲，又影響到唐代漳州文化人才的匱乏。元和十一年（816年）龍溪人周匡物進士及第，《閩大記》說是「郡人業儒登科自匡物始」㉞，比起長溪（今霞浦等地）人薛令之神龍二年（705年）登進士第，足足晚了一百年以上。比起莆田人林藻貞元七年（791年）和晉江人歐陽詹貞元八年登進士第，也晚了二十多年。終唐一代漳州進士及第者僅周匡物、潘存實二人㉟，比起福州、泉州等文化較發達的地區也有很大距離。況且這些都已是漳州轉爲正額州以後的事，反觀尚屬羈縻州之時的漳州初建時期，其經濟、文化的落後是可想而知的。

總的說來，從可信的歷史資料來看，漳州在初設立的一百多年間，瘟疫蔓延，戰亂不斷，人口稀少，經濟、文化發展遲緩，與較早置州的福、泉、建等州相比，尚處在較低的社會發展水平。這與某些論著根據晚近有關譜、志材料得出的結論㊱大相逕庭，但與漳州當時屬於羈縻州的地位卻是相稱的。

【附　註】

① 關於漳州的初設時間，《元和郡縣志》，新、舊《唐書·地理志》及宋人吳輿的《漳州圖經序》俱作垂拱二年，唯所謂陳元光的《漳州刺史謝上表》作垂拱四年，亦可證此表之僞，今不取。

② 見該書卷二九。

③ 吳輿，宋祥符進士。其《漳州圖經序》爲後世多種版本的漳州府志錄載。《全唐文》誤收入第五一三卷，並謂吳輿貞元時人，大謬。按此一《圖經序》中稱唐爲皇唐，應是輾轉傳抄和刊刻時衍入，宋人稱前朝不得冠以「皇」字。而這一字之誤，或即《全唐文》編者將吳輿視爲唐人之由。又《序》稱垂拱二年「敕割福州西南地置漳州」亦微有不確。垂拱年間尚無福州之名，其時今福建東部概屬泉州，治閩縣。景雲二年（711年）改爲閩州，開元十三年改爲福州，福州之名自此始有，見《淳熙三山志》。但總的來說，吳輿此《序》所載基本翔實。

④ 義安郡東晉義熙九年（413年）初置，南朝因之，皆轄有綏安縣，隋廢。分見《晉書》卷15《地理下》、《宋書》卷38《州郡四》、《南齊書》卷14《州郡上》，《隋書》卷31《地理下》。

⑤ 漳州初置時隸福州，開元二十二年改隸廣州，二十八年復隸福州。而福州自貞觀初即隸嶺南道，至天寶元年始改隸江南東道。所以漳州自初建至天寶元年的五十多年間隸屬於嶺南道。天寶十載，漳、潮二州又從福州都督府治下分出，劃歸嶺南道。是則漳州隸屬嶺南的時間還要更長。

⑥ 《嘉靖長泰縣志·威惠廟記》引南唐吳文洽《廟記》語。

⑦ 吳輿《漳州圖經序》亦稱「陳元光平潮州寇，奏置州縣」。

⑧⑰　康熙《漳浦縣志》、諸本《漳州府志》及各種陳氏族譜所載相同。

⑨⑩⑪⑫⑳　分見康熙《漳浦縣志》卷14《名宦》陳珦、陳酆、陳謨傳。

按：此諸傳所載亦眞偽混雜，今取其大略可信之事而已。

⑬　綜見兩《唐書》職官、食貨、地理諸志及《大唐六典》

⑭　參見兩《唐書》太宗紀及《唐會要》卷47《封建雜錄下》

⑮　劉克莊《後村集》卷15。

⑯⑰　見本書《〈龍湖集〉的眞偽與陳元光的家世和生平》

⑱　《太平廣記》卷二六七「酷暴一」

⑲　章柳泉《中國書院史話》，教育科學出版社，1981年，北京。

⑳㉖　康熙《漳浦縣志》卷14《名宦·許天正》

㉑　《舊唐書》卷97《張說傳》

㉒　馬來西亞檳城緞羅申鴻文印本《陳氏族譜》所載《唐列祖傳記·陳元光傳》。按此處所述多用後世地名，乃口傳史料所常見的以今況古之例，只可以為其所述大概方位大致可信，不可以為所出現的地名都是唐代實有。如佛潭橋即是元代至正年間所建，見《古今圖書集成》卷1097《漳州府部·關梁考·漳浦縣·佛潭橋》

㉓　此據《元和郡縣圖志》卷29《漳州》。康熙《漳浦縣志》陳謨傳作貞元二年漳州遷治於龍溪。

㉔　現存於平和縣三平寺中的《三平山廣濟大師行錄》。此碑托名唐咸通中漳州刺史王諷所作，實為後人偽托，但所記尚有相當史料價值，參見顏雅玉《三平史考》，廈門大學出版社，1993年，廈門。

㉕　參見顏雅玉《三平史考》

㉙　廣東省饒平縣大巷《陳氏族譜》卷3《淵源文略》所載宋理宗對陳元光及其部屬封蔭誥文，文中俱載陳元光及諸將校妻室受封情況。轉引自羅香林《唐嶺南行軍總管陳元光考》。按所謂宋理宗誥文應屬後人偽托，但陳元光及屬下將校都帶有妻室一事尚屬可信。

㉚　《元和郡縣志》所載漳州領龍溪、漳浦、龍岩三縣。但龍溪縣開元

二十九年始割屬漳州；龍岩縣，大歷十二年割屬漳州，所以此志所載開元時漳州戶數應即漳浦、懷恩二縣戶數。懷恩縣與州同時設置，開元二十九年廢入漳浦。

㉛　《新唐書・地理志》載天寶時漳州戶為5,846戶，口數則與舊志相同。5,846應為 5,346，乃輾轉傳抄、翻刻致誤。

㉜　據《元和郡縣志》，元和時汀州領有2,618戶，漳州只有1,343戶。

㉝　《全唐詩》卷264，顧況《酬漳州張九使君》。據《全唐文》卷493，權德輿《唐故漳州刺史張君集序》及《新唐書・藝文志四》、《冊府元龜》卷698、卷700，此張九使君為張登，元貞十至十七年任漳州刺史。

㉞　徐松《登科記考》卷中貞元八年據歐陽詹《送周孝廉擢第歸覲序》及《永樂大典》所引《清漳志》「周匡業，明經科及第」一句，斷為周匡業貞元八年明經及第，又云周匡業為匡物之兄。但歐陽詹之序並未點出周孝廉的名字，也未提及其為漳州人。故周匡業貞元八年明經及第的結論尚待證實。

㉟　潘存實漳浦人，元和十三年進士及第，見《登科記考》卷中。《閩大記》又有光啟五年漳州龍溪人謝翛進士及第一說。但《泉州府志》則說謝翛為其郡人，且光啟年號無五年，四年（888年）二月即已改為文德元年。故《閩大記》之說確否待考。

㊱　筆者《開漳聖王陳元光論略》一文，主要根據丁儒的二首詩，對漳州設州後的經濟、文化進步也作了較高評價。但丁儒的二首詩，有學者考證說應是五代北宋時丁氏後人的作品，然則不能據以論述漳州初建時的經濟、文化狀況。縱使那二首詩確係丁儒所作，也只能說明漳州某一特別發達地區的部分情況，不足用以概括唐代漳州經濟、文化發展的全貌。

捌、陳元光家族遺迹雜考

　　由於陳元光在漳州歷史上的功績，他受到漳州人民永久的紀念。陳氏後裔更把陳元光作爲有大功大德于宗族的開基始祖加以崇拜，使陳元光由一位眞實的歷史人物，演化爲一位萬能的宗族保護神和地方保護神。這種崇拜隨著陳氏後裔的對外播衍而向各地擴展，使陳元光崇拜不限於漳州一地。現在散布於漳州各地及漳州以外地區的各種陳元光廟宇、陵墓、及其他與陳元光家族有關的遺迹，就是陳元光崇拜發展過程中不斷湧現出來的。其中有些遺迹名實相符，也有不少遺迹僞冒僞托。弄清這些遺迹的眞實面目，不但有利於研究作爲歷史人物的陳元光，也有利於了解作爲民間信仰之一的開漳聖王崇拜的紛繁複雜景象。茲作陳元光家族遺迹雜考五則，旨在揭露僞托，澄清眞象，以爲上述兩方面研究之一助。

一、雲霄威惠廟

　　雲霄威惠廟在今雲霄縣城北門外，廟貌莊嚴，所供陳元光像作王者形象，陪祀諸將官及侍從人員亦作高官貴爵形象。廟門對聯和廟中楹聯歌頌陳元光的恩德，又都暗寓「雲霄」地名，如云：「關草披荊歷盡關津勞劍履，建都啓土肇基文物在雲霄」；「大啓漳土永奠閩民但勵忠勤二字，依舊雲山維新廟貌緬懷功業千秋」；「威振漳江南國兵戈化禮樂，惠流雲水西門宮闕亘山河」等等。

　　據說此廟是「開漳建州第一廟」，「原建於唐中宗嗣聖（公元684）年間，唐玄宗曾詔修廟宇」，宋哲宗「敕賜匾額『威惠廟』，原址離城十里，因官祭艱苦而改建于城北門外」。①

　　這裡所謂「開漳建州第一廟」，看來不是指北門外的這座威惠廟本身，而應指離城十里的原址。因為北門外新廟既然是後來改建的，自然談不上第一，且不說原址就比它早得多，原址與改建之間，在別的地方也可能興建陳元光廟，然則此廟就不僅不是第一，恐怕連第二、第三、第十第百都擺不上了。若以廟中陳元光的王者形象而論，它不應早於陳元光死後被封王的南宋紹興十六年②；從門聯和楹聯的雲霄字眼來看，它更應晚於清朝嘉慶三年（1778）設置雲霄廳或民國二年（1913）升雲霄廳爲雲霄縣之時。當然，廟中塑像和門聯、楹聯可能是舊廟重修時所爲，但此廟決非第一廟是可以斷言的。

　　「離城十里的原址」是雲霄北門外威惠廟的前身，它是否有資格稱爲「開漳建州第一廟」呢？要確定這一點，先要對其興建時間作一番考察。

　　按有關陳元光祠廟的情況，現存最早記載見於宋代文獻。王象之《輿地紀勝》卷91《朱翌威惠廟記》載：「陳元光，河東人，家於漳之溪口。唐儀鳳中廣之崖山盜起，泉潮響應。王以布衣起兵，遂平潮州。以泉之雲霄爲漳州，命王爲左郎將守之。後以戰歿，漳人哭之慟，至祠於徑山，有《紀功碑》、《靈應記》見於廟云。」據此則陳元光廟乃陳元光戰死後，漳人爲紀念他而立，最早的一座廟立於徑山，而非離今雲霄縣十里的西林古城。

　　西林古城的陳元光祠建於徑山廟之後，南宋人祝穆的《方輿勝覽》記載道：「陳侯祠：《廟碑》云，公姓陳諱元光，永隆二

年盜攻潮州，公擊賊降之，請置漳州。委公鎮撫。久之，蠻賊復嘯聚，公因戰歿，廟食于漳。」所謂廟食于漳，雖說只要在漳州境內有元光廟即可當之，如徑山廟那樣，即可稱爲「廟食于漳」，但西林古城既然是當時州治所在，於理必然要在徑山廟之外，在西林更立祠廟，以便祭典，故可推知在徑山立廟之後不久，又在西林建祠，稱爲「陳侯祠」。

但在唐代，陳元光廟尙無「威惠廟」的名稱，「威惠廟」額得賜於宋代。《宋會要輯稿》「陳元光祠」載：「在漳州漳浦縣。神宗熙寧八年六月封忠應侯，徽宗政和三年十月賜廟額威惠，宣和四年二月封忠澤公。高宗建炎四年八月加封顯佑二字，紹興七年正月又加封英烈二字，十二年八月加封英烈忠澤顯佑康庇公，十六年七月進封靈著王，二十二年七月加封順應二字，三十年又加昭烈二字。」可見「威惠」廟額是政和三年（1113）宋徽宗賜給漳浦縣的陳元光祠的。徑山、西林等地的陳元光祠後來都稱爲威惠廟，是在漳浦縣城的陳元光祠奉敕改稱威惠廟後，爲了統一名稱起見，相繼效改的。

由此看來，漳州設立以後，最早的陳元光祠應是立於徑山的那座，最早的威惠廟則是立於漳浦縣城的那座。現在雲霄、漳浦二縣爭奪「開漳建州第一廟」的光榮稱號。弄清了有關陳元光廟建置和膺封的情況，可說兩縣各有一個第一，即：雲霄徑山有第一座陳元光廟③，漳浦縣城有第一座威惠廟。

雲霄西林古城的那座陳元光廟，兩個第一都沾不上。西林古城雖然曾作爲最早的漳州州治和漳浦縣縣治，但在唐開元四年即已遷州治於李澳川，縣治也隨同遷往。李澳川就在舊漳浦縣城側近，隨著漳浦縣城的擴大，現在應已包括在城中了。

論者關於雲霄威惠廟建置沿革的說明也有誤。公元684年是中宗嗣聖元年，其時漳州尚未設立，陳元光正當盛年，談不上爲他建廟。「唐玄宗曾詔修廟宇」也於史無據。晚近譜誌雖然憑空生造出「開元四年追封潁川侯，賜彤弓二以彰有功」之說④，但一般也不取「有詔重修廟宇」之臆說。⑤「宋哲宗『敕賜匾額威惠廟』」云云，又是把徽宗錯說成哲宗，可以說，論者的有關說明完全搞錯了。回顧清代以來，不少修方志者態度很不嚴謹，「濫收則採博聞，不採載籍。借人才於異地，移景物於一方，以致以訛傳訛，誤中誤復誤」⑥，把歷史搞得一塌糊塗。今天的史志工作者和宣傳工作者，本應抱著科學的態度，勾沉發覆，恢復歷史的本來面目。惜乎許多人又重蹈清人覆轍，甚至更加輕率馬虎，把歷史搞得更混亂不堪。這是極不應該，極令人痛心的！

二、將軍山

將軍山在雲霄縣修竹里。其山所以稱爲將軍山的原因，歷來有三種說法。一說以山的形狀立論：「昂然獨立，似大將據帳幄然。」說見《古今圖書集成》卷1095《漳州府部·山川考一》，《萬曆漳州府志》、《康熙漳州府志》亦同此說，雖有望文生義之嫌，然而並不妄相攀附援引，尚屬樸素自然。

一說把此山的得名與陳元光的活動連繫起來，說是「唐將軍陳元光初征蠻寇，築城居之，故名。今有將軍父墓在其麓。」此說起源甚早，北宋祥符《漳州圖經》即已有所記載，流傳最廣，連一九九〇年漳州市「陳元光與漳州開發國際學術討論會籌委會」編印的「陳元光與漳州」圖冊尚沿用其說。

此說貌似有理，其實卻是出於好事者之附會。北宋學者蔡如

松已辨其僞，認爲此山之所以稱爲將軍山，乃是因爲「古閩越王號力驪等爲吞漢將軍，使之南據險要以距漢」，此山即屬吞漢將軍所據險要之一，故人們把它稱爲將軍山。蔡如松還指出：「今自南抵潮梅界，又有將軍山，而大海之濱北岐有將軍澳，鴻儒嶼有將軍礁，豈皆元光之迹乎？」⑦蔡如松在辯駁將軍山並非因陳元光而得名時，又提出了其山得名的第三種說法，即緣與西漢時期古閩越國力驪等吞漢將軍屯駐於此，然則此山名爲將軍山要比陳元光的時代早八百年左右。

　　蔡如松是北宋著名學者，原籍仙遊，是蔡襄的族人。後移家於龍溪，遂爲龍溪人，曾讀書於仙亭岩。晚年辭官歸里，熱心考究鄉邦掌故，著有《漳南十辨》⑧。上述辨證將軍山得名緣由的內容，即見於《漳南十辨》一書。《十辨》考訂精審，爲歷來志書常所稱引。明代黃仲昭作《八閩通志》，於「將軍山」一條即引《十辨》之文，表示作者同意蔡說，否定其山因陳元光而得名之說。本來，將軍山得名於吞漢將軍屯駐，是可以成爲定論的。

　　但是陳元光既已由人變神，漳州地區在開漳聖王崇拜的濃厚氛圍籠罩下，人們只會製造越來越多的陳元光史迹，而絕不甘心承認業已製造出來的陳元光聖迹事出無稽。於是又有好事者在將軍山造出陳元光之父陳政之墓以實其說。《古今圖書集成》卷1105《漳州府部・古蹟考》載云：

　　　陳王墓一在平和新安里大峰山，一在漳浦雲霄將軍山之麓，故修竹里。初，陳將軍元光葬父政於雲霄。後青囊稱茲山有王氣，元光改葬於大峰山以避之。後元光戰歿，廟食茲土，累封王爵。故父葬亦稱陳王。宣和五年，有傭人林機來自泉，請於縣官曰：『陳將軍欲遷峰山塋還葬雲霄，有

磚一坎在普賢院後，幸命五百工將去。』時人以爲狂。已而發坎，果驗。人於山前遙望，舉畚鍤者數百人，即之，獨機耳。民各攜酒往餉，須臾則瓶罄豆空。未踰月，役畢。有吳大成者過雲霄，見黃旗一帶，自峰山直趨舊塋，鹵簿蔽空，鼓吹傳響。山下人趨視，則新墳立矣。尋訪舊塋，藤蘿亂覆。始知王之遷葬也。

這則記載，不啻爲一篇神怪小說，把它放在六朝誌怪，唐代傳奇中可以毫不遜色。古人迷信，讀之可以增加對陳政墓自平和大峰山遷至雲霄將軍山的相信程度；今人講科學，睹此適足明了將軍山陳政墓之荒唐誕妄。

　　實際上，如果陳元光確實爲了迴避政治嫌疑而將父墓從將軍山遷至平和大峰山，那就不可能託夢回遷於有王氣之將軍山。蓋因古之所謂「王氣」，實指天子之氣。作爲人臣而貪此有「王氣」的「風水寶地」，是犯上作亂大逆不道的表現；作爲神祇，雖然享受王爵榮封，仍然是天子底下的一名臣子，依然要恪守忠貞淳謹之規矩，豈能以封王而重占有「王氣」之塋域？這是上述傳奇的漏洞之一。陳元光死後雖然被封爲王，其父卻仍稱爲侯。《宋會要輯稿》就明載紹興二十年六月封陳政爲「助昌侯」，封元光之母吐萬氏爲「厚德夫人」之事，傳奇卻說陳元光「累封王爵，故父葬亦稱陳王」，不闇古代封神之俗，說出了這樣的外行話，這是上述傳奇的漏洞之二。談神說鬼本來就難以取信於今人，加上這些明顯的漏洞，更說明陳政墓在雲霄將軍山是無稽之談。當然，附帶的也就進一步證明將軍山並非因陳元光而得名，而是因閩越王的吞漢將軍而得名。

三、仙遊威惠靈著王廟

黃岩孫寶祐《仙溪志》卷九載：

> 威惠靈著王廟二，在楓亭市之南、北。按漳浦《威惠廟集》
> 云：陳政仕唐副諸衛上將，武后朝戍閩，遂家於溫陵之北
> 曰楓亭。靈著王乃其子也。今楓亭二廟，舊傳乃其故居。

記載已明言靈著王乃陳政之子，即陳元光，此與紹興十六年宋高宗封陳元光之神爲靈著王之史實相符；而威惠廟又是宋徽宗賜給陳元光祠廟的名稱，俱見前引《宋會要輯稿》。可知威惠廟和靈著王廟都是奉祀陳元光的廟，並非一爲陳政廟，另一爲元光廟。

「今楓亭二廟，舊傳乃其故居」，則據父老口傳，陳元光曾在仙遊活動，居於楓亭。證之史實，這種傳說是否可信呢？

按《仙溪志》南宋所修，是我們目前所見載有陳元光事迹的最早一種方志，我們自不能輕易加以否定。況且，宋志而外，傳世的載有陳元光事迹的較早方志爲明代嘉靖年間名學者黃佐修纂的《廣東通志》，其關於陳元光的一段記載有云：

> 陳元光，揭陽人……父政，以武功著，隸廣州揚威府。元
> 光明習韜鈐，善用兵，有父風，累官鷹揚衛將軍。儀鳳中，
> 崖山劇賊陳謙攻陷岡州城邑，遍掠嶺左，閩粵驚擾。元光
> 隨父政戍閩，父死代爲將……永隆二年，盜起攻南海邊鄙，
> （循州司馬高）琔受命專征，惟事招慰，乃令元光擊降潮
> 州盜，提兵深入，伐山開道，潛襲寇壘，俘馘萬計，嶺表
> 悉平，還軍於漳，奏請創置漳州。

文下自注：據廣州舊志和一統志參修，說明這一記載有更早的文獻根據，應是比較可信的。據此，元光首次入閩在儀鳳中（676

—678），原因是廣寇由岡州北指，遍掠嶺左，閩粵驚擾。陳政
奉命戍閩，元光隨父入閩。當時，今福建範圍內只設泉、建二州，
俱屬於嶺南道⑨，軍事上由廣州都督府統一負責⑩。廣州揚威府
下屬的軍官陳政，在蠻僚動亂遍及包括今福建境域在內的嶺南廣
大地區，閩粵驚擾的形勢下，受命入閩戍守是合情合理的。又據
載，陳政戍守的重點是泉、潮之交。當時泉州的轄境，大致包括
今福州、莆田、泉州、漳州、龍岩等地，即今福建東部、南部和
西南部。那麼，陳政、陳元光爲軍事的需要，一度駐屯於今仙遊
南境的風亭，是完全可能的。

　　陳政死後，陳元光代父爲將，仍然鎮守泉潮之交而偏在潮州
一方。永隆二年（681）曾一度提兵平潮「寇」，事平奏置漳州。
當時漳州只領漳浦，懷恩二縣。漳浦縣北鄰的龍溪縣仍屬泉州，
開元二十九年（741）始割屬漳州，時陳元光已卒。作爲漳州刺
史的陳元光，由於職責所在，已不太可能擅離州境屯戍溫陵（今
泉州的別稱）之北，故其家於風亭一事，不應在其平潮寇，置漳
州並爲漳州刺史之後，而應在永隆二年以前他作爲諸衛將軍戍於
泉、潮二州之交時。

　　綜上，《仙溪志》所載陳元光曾家於風亭一事，本身來源較
早，又與其他文獻記載不矛盾，應屬可信，且大致可考定元光家
於風亭的時間，應在儀鳳至永隆二年之間。唯志稱陳政戍閩在武
后朝，與史實微有出入。因爲陳政戍閩在儀鳳中，永隆前已卒，
其時高宗尚在，雖然武后已專權，經不得稱爲武后朝。蓋《仙溪
志》此句據漳浦《威惠廟集》而書，該《集》則以元光置漳、刺
漳皆在武后朝，一時疏忽，誤以陳政戍閩亦在武后朝歟？

四、建陽陳元光墓

陳元光家族與建陽有關的說法，見於建陽南槎《陳氏族譜》，有云：

> 元光公，七月初七日降誕，因父政歿於王事，公因父卒代為將，以功任左羽衛翊麾將，嶺南行軍總管，復任漳州布政，威德並著，民懷其惠，立廟封英烈侯。光化二年御賜魂衣，奉旨葬建陽招賢中里龍源陳宅窠龍山功德院，捨田二百畝，開山僧法智立石碑銘記載。唐宋加封英烈忠澤顯佑惠應王。妣沖氏封恭懿妃，父封忠烈護國王，母黃氏封助國夫人。

這段記載文字鄙俚，敘事錯亂荒謬，不足據信。如敘元光的官職，全然不合唐代官制。唐代軍隊十六衛中無左羽衛之機構，諸衛將軍中亦無翊麾將之官，而布政乃明清時期官名，屬於省或道一級。嶺南行軍總管亦有誤，已見前文考辨。可見該譜所敘元光官職皆屬胡編亂造。

又如譜敘元光及考妣贈之封號，亦與史實牴牾。據《宋會要輯稿》，元光至宋朝始蒙封號，自侯爵、公爵累封至王，封號最後定為「靈著順應昭烈廣濟王」，而譜稱唐宋加封「英烈忠澤顯佑惠應王」；《輯稿》載元光妻种氏，累封為「恭懿肅雍善護夫人」，而譜稱元光「妣沖氏，封恭懿妃」，顯然是把元光之妻誤為母（妣即母親），而又把其姓氏從种誤為沖，封號也作了畫蛇添足之處理。《輯稿》又載元光父累封為胙昌開祐侯，妣吐萬氏，累封為厚德流慶夫人，也與該譜所敘完全不同。把《輯稿》與南槎《陳氏族譜》兩相對照，該譜捕風捉影生拼硬湊的痕迹是

很明顯的。

該譜還錄載了一篇據稱是北宋熙寧三年族裔孫陳旭所撰《考亭陳氏墓道族譜世系》，略云：

> 「至隋義寧元年，有果仁者移居常州晉陵縣，爲隋司徒。子孫後宦居光州固始縣。至於李唐間，有祖法會公任光州刺史，太宗朝貞觀六年壬辰，高士廉奏福建屯田事，除法會公任福州刺史兼屯田使，九十而卒……入閩者三子，曰忠、曰閎、曰宗。」

又敘陳法會、陳宗而下世系，略曰：

> 第二世，諱宗公，任嶺南司馬。
>
> 三世，諱豐公，任洪州都督。
>
> 四世，景仁公，任北門將軍，分鎮興化軍。
>
> 五世，諱政公，任中郎將。次任泉州刺史，歿于王事。葬于漳浦縣雲霄山，追封忠烈護國公。夫人黃氏，追封助國夫人。子一，曰元光。

這段記載，也是紕漏百出，謬誤顯然。如陳果仁，事迹見於兩《唐書·沈法興傳》和《資治通鑑》武德元年至三年，乃是隋朝的叛將，佐江東土豪沈法興起兵割據，被沈法興私署爲司徒。而《世系》竟稱其爲隋司徒，欺世盜名一至於此！又如陳法會任福州刺史兼屯田使一節，證諸史實，高士廉既不曾奏請於福建屯田，貞觀朝亦尚無福州和福建之稱。今之福州是時尚稱泉州，貞觀四年至八年間，刺史爲柳逿，一作柳遏。⑪古文獻所載，斑斑可考，《世系》妄稱，一何荒唐！再如陳景仁作爲唐將陳政之父，卻分鎮宋代才設立的興化軍，以及陳政任泉州刺史之類，事皆誣妄。更可笑的是，陳法會任職於貞觀朝，其第六世孫卻是高宗，

武后朝的戍閩將領，時隔五十餘年，卻已傳五代子孫，莫非陳氏
一族，每一代才隔十年？這篇《世系》如此謬誤不通，決不可能
出自宋人之筆，定是晚近無識之徒所僞造。因此，其所說陳政、
陳元光出自建陽考亭陳氏云云，是不足爲訓的。

　　從可靠的文獻記載來看，陳政、陳元光原住潮州，入閩之後，
主要活動於與潮州毗鄰的閩南一帶。說他出自建陽陳氏，或者曾
活動於建陽一帶，悖於事理，實爲無稽之談。

漳州南山寺陳太傅祠

　　閩南一帶的陳氏，向來分爲兩支，一支爲北廟派，即陳元光
後裔，因唐貞元二年漳州自漳浦縣北遷至龍溪縣後，宋高宗時於
城北門外建威惠廟祀陳元光，後稱北廟，故以北廟爲這一支派陳
氏的標誌。另一支稱爲南院派，傳說其開基祖是在唐代官至太傅
的陳邕，因漳州南門外南山寺中建有陳太傅祠奉祀陳邕，故此派
以南院爲其標誌。關於陳邕的事迹和陳太傅祠的緣起，馬來西亞
檳城緞羅申鴻文所印《陳氏族譜》記之甚詳，茲節錄於下：

> 邕舉唐神龍初進士……官至太子太傅……玄宗開元二十四
> 年，公被讁入閩，始居興化井陳，嗣分於泉之惠安社壇，
> 後擇漳之驛路南廟山造旅舍，土名海洋、角尾、新建等處
> 田地山塘三百六十頃，苗糧壹千八百石。遺像在焉……邕
> 生四子……三曰夷行，文宗時累擢工部侍郎，兼司空、丞
> 相、平章事……時邕在閩，因築室備鍾鼓樓臺，在漳州南
> 門外，今寺觀現存。侈靡逾制，郡縣流謗逆謀，禍在不測。
> 有女金娘，謂曰：危疑之際，必損吾室，改爲禪室，剃削
> 吾髮修（行），所有產業悉捨空門，方可弭謗。公然其言，

> 遂以狀奏聞於朝。即移其界東南水界，今三都後水頭是也
> ……女既奉佛，字玄妙，勅號金花郡主……公卒年九十有
> 五，加封忠順王……

這段記事，錯誤百出，茲舉數端略加分析：

一譜稱陳邕神龍初進士。神龍年號只有三年，即西元705—707年。據同譜《南院開基漳泉陳氏世系》，陳邕生於唐貞觀二十年（646），然則縱使陳邕於神龍元年進士及第，也已達六十歲高齡。雖然唐代有「三十老明經，五十少進士」之諺，意思說五十歲中進士第還算是年輕的，但實際上遍考兩《唐書》，尚未見到六十歲才進士登科的實例；況且清人徐松的《登科記考》搜羅甚備，亦無陳邕之名；再考《舊唐書》卷173《陳夷行傳》，夷行之祖忠，父邕⑫，都未言其登第，卻明載夷行及其弟玄錫、夷實皆進士擢第。由此足證陳邕登進士第之說是不符合歷史實際的。另外，唐代慣例，進士及第後還要經過吏部考試，合格者始授八、九品小官，慢慢積累資歷，越一二十年能做到三、四品官者已是幸運兒；又據慣例，唐代官員七十歲「懸車致仕」，即告老退休。而譜稱陳邕官至太子太傅，一則兩《唐書·陳夷行傳》及《新唐書·宰相世系表》俱不載此事，二則若據升遷慣例，進士及第後十年內不可能官至太子太傅，若據致仕慣例，陳邕的太子太傅高官又必須在七十歲之前取得，即在登第後十年取得。如此兩相矛盾的情況，大悖於唐代用人制度，只能說明《陳譜》有關陳邕科第和歷官的記載都是杜撰出來的。

二譜稱陳邕於開元二十四年被謫入閩，四年間由興化而惠安，而漳州，可以自由遷徙。又置地產300多頃，擅造鐘鼓樓臺齊備、侈靡逾制的居宅，勢焰赫赫。這段記載也暴露出許多問題。據譜，

此時陳邕已九十歲，九十歲尚被謫，實屬奇事，此其一；唐代謫官形同罪囚，謫至閩粵更是遠流重罪，管制更嚴，決不可能有如譜中所述那種政治自由和經濟實力，此其二；興化、惠安，都是宋以後新設的政區名稱，唐代尚無興化、惠安，此其三。上述三點，不合情理，違背史實，也是出於瞎編無疑。

三譜稱陳邕在漳州地產年納「苗糧壹仟八百石」。其實唐代在安史之亂前實行均田制和租庸調制，土地買賣受到嚴格限制，田賦按床交納，一床（即一夫一婦）年納租穀僅二石。所述又悖於唐代土地和賦役制度。

四譜稱陳邕第三子陳夷行在文宗朝官至宰相。按陳夷行實有其人，兩《唐書》有傳。他元和七年（812）登進士第，開成二年（837）提升為宰相，卒於會昌三年（843）以後。如果陳邕確如族譜所稱生於貞觀二十年，則即使他六十歲才生下陳夷行，陳夷行登第時也已　107歲，入相時更已132歲，享壽在138歲以上。這簡直是天大的笑話。

五金娘既已出家奉佛，卻賜為郡主，豈有出家人受封郡主之例？況且稱郡主者必須父為郡王，且不說陳邕以流人而封王事屬無稽，即如譜中所言，也是死後追封，在陳邕生前，金娘何來郡主之稱？

《陳氏族譜》所載陳邕事迹不合史實的錯誤還可舉出許多，這裡不再一一列舉。僅以上述種種錯誤而言，足證南山寺陳太傅祠奉祀的陳邕絕不可能是文宗朝宰相陳夷行之父那位陳邕。這個人物也是南院派陳氏為了證明自己血統的高貴而虛擬出來的人物。因而陳邕捨宅建南山寺的傳說也是靠不住的。據有關文獻記載，漳州最早的寺院如芝山之麓的開元寺，平和的三平寺，歷史都比

南山寺悠久。三平寺建於唐末，則南山寺建於唐玄宗開元年間的說法，也不足信。寺中陳太傅祠的修建時間和建造緣起不可能如《陳氏族譜》所述那樣，其眞相有待進一步考證。

【附　註】

① 舜天：《開漳建州第一廟》，載《閩南日報》88年11月12日第4版。

② 《宋會要輯稿》第20冊禮二〇「陳元光祠」。

③ 王象之《輿地碑記目·循州碑記》有云：「唐威惠紀功碑」，注云：「有吳應《錄》在廟，唐儀鳳中刻。」此刻於儀鳳中的紀功碑，內容已不可考見。其碑或許是記述陳政父子儀鳳中平寇之功，後來被置於威惠廟中。總之，此碑不應用來說明循州威惠廟建於唐儀鳳中，因爲其時陳元光尙幼，不應有廟，更尙無威惠之額，以故此廟並不影響徑山陳元光廟爲開漳第一廟之地位。

④ 康熙《漳浦縣志》卷14。

⑤ 檳城《陳氏族譜》等少數陳氏譜有此一說，有關方志捨而不書。

⑥ 洪亮吉：《更生齋文續集》卷2。

⑦ 《八閩通志》卷8《地理》。

⑧ 嘉靖《龍溪縣志》卷8《人物》

⑨ 《舊唐書》卷40《地理三》：「福州中都督府　隋建安郡之閩縣。貞觀初，置泉州。景雲二年，改爲閩州，置都督府，督閩、泉、建、漳、湖（應爲潮）五州。開元十三年，改爲福州，依舊都督府，仍置經略使。二十二年　，罷漳、湖（應爲潮）二州，令督福、建、泉、汀四州。舊屬嶺南道，天寶初，改屬江南東道。」又《元和郡縣志》卷29「福州」：「管州五：福州、建州、泉州、漳州、汀州。縣二十四。……開元十三年改爲福州都督府，因州西北福山爲名，

兼置經略使，仍自嶺南道割屬江南東路（應爲道）」兩書所載福州
所管自嶺南道割屬江南東道的時間稍有不同，但在開元十三年（725）之
前隸屬於嶺南道，則是一致的。

⑩　《舊唐書》卷41《地理四》：「廣州中都督府」：（貞觀）「二年，
　　省循州都督，以循、潮二州隸廣府⋯⋯永徽（650）後，以廣、桂、
　　容、邕、安南府，皆隸廣府都督統攝，謂之五府節度使，名嶺南五
　　管。」

⑪　參見郁賢皓《唐刺史考・江南東道・福州》。

⑫　《舊唐書・陳夷行傳》載其祖忠，父邑，但據《新唐書、宰相世系
　　表》，夷行祖忠，父邕，可知《舊唐書》陳邑乃陳邕之誤。

玖、陳元光文獻資料
輯校與疏證

　　本文輯錄自唐至清末有關陳元光的各種文獻資料，以便學者
參考。所錄文獻按作者編次，以時代先後爲序；同一作者的作品
按性質分類，間亦按成文時間爲序。

　　所錄文獻原則上保持其原貌，對明顯的誤字逕予改正，明顯
的脫漏亦予補正，用括號標示。不同版本的異文，亦在括號中加
以說明。明清時代有關陳元光的史志記載，存在輾轉抄錄現象。
爲了節省篇幅，對此類內容僅錄某一時代較早或較有代表性的史
志記載，其他史志的相關記載略而不錄，重要異文則另出校，附
於相關文字之後，用括號標示。

　　由於陳元光是漳州的肇創者，又是首位漳州刺史，其家族壟
斷漳州政權一百多年，對於漳州設置前後的歷史影響至巨至深，
故本文把與漳州建置有關的史料一概視作研究陳元光必不可少的
歷史資料，一并裒輯於此。

　　在每位作者之前都附有作者簡介，著重介紹其生平及時代，
一段或若干段資料後附有按語，主要指出該資料的價值所在，或
就某些資料的誤考、誤記、僞托、假造現象加以考證、分析，揭
示不同歷史時期有關陳元光記載的不同特點及其演變軌迹。

　　在本文寫作過程中，郭封城先生將其未刊稿《古人論述陳元
光考》見示，使筆者受到某些啓發，還使本文補錄了筆者未經見
的「潮州趙希蓬重修威惠廟題記」一條史料，特此誌謝。

受主客觀條件限制，本文所錄必有疏漏，尙祈讀者指正。

陳子昂（661—702）

陳子昂字伯玉，四川射洪縣人，唐初著名文學家。文明初（684）舉進士，上書論政，得到武后重視，任爲麟臺正字，遷右拾遺，後辭官還鄉，被武三思指使縣令段簡加以迫害，冤死獄中。有《陳子昂集》傳世。

【唐故循州司馬申國公高君墓誌幷序】

君諱某，字某，渤海脩人也。（中略）祖宗儉，字士廉，皇朝太子太傅、上柱國、申國公，食邑三千戶，贈司徒，幷州刺史。永徽初，贈太尉，配享太宗文皇帝廟庭，諡曰文獻。（中略）年若干，嗣封申國公。十四解巾，授千牛備身，趨奉紫璋，已有光矣。秩滿補海監府左果毅都尉，再遷游擊將軍、右帥府郎將。遂昇榮禁衛，承寵司階，千廬之務式遵，八舍之榮攸襲。又授朝散大夫，尚輦奉御，再遷尚衣奉御。屬辰宮搆難，巫蠱禍興，坐堂弟歧左遷循州司馬。蒼梧南極，桂海東浮，是唯篁竹之區，而有山夷之患。永隆二年，有盜攻南海，廣州邊鄙被其災。皇帝哀洛越之人罹其凶害，以公名家之子，才足理戎，乃命專征，且令招慰。（一作討）公奉天子咸令以喻越人，越人來蘇，日有千計。公乃惟南蠻不討之日久矣，國有大命，將布遠方，欲巡禦象林，觀兵海裔。彼蒼不弔，天我良圖，因追寇至廣州，遇疾薨於南海之旅次，時年若干。（中略）粵載初元年，歲在攝提格，始昭啓亡靈，改卜遷祔。某月日遂合葬於少陵原，禮也。（下略）（《陳伯玉文集》卷6，四

部叢刊上海涵芬樓影印明刻本）

　　按：這是陳子昂爲唐初重臣高士廉之孫循州司馬高琔所作墓誌。文中提到的永隆二年（681）討伐南蠻的戰爭，也就是人們熟知的陳元光討平潮州寇的那次戰爭。在這次戰爭中，高琔是朝廷指定的主帥，受命專征，而陳元光在這次戰爭中，則如有關方志記載的那樣（見後文），只是高琔麾下一名裨將。後世一些譜牒和據譜牒而書的方志，把陳元光說成是這次戰爭的主帥，事後還被任命爲嶺南行軍總管云云，是沒有史實根據的。這次戰爭與陳元光走上歷史舞臺及隨後漳州的建立直接相關，故節錄如上。又這篇文章作於載初元年（689），上距永隆二年之戰及漳州的設置不過幾年時間，具有極高的史料價值，彌足珍貴。

張　鷟

　　張鷟字文成，又號浮休子，河北省深縣人，生活在唐代武后、中宗、睿宗三朝和玄宗前期，以詞章知名。開元初流放到嶺南，開元中召回。有《朝野僉載》等文集傳世。

【陳元光設客】

　　周嶺南首領陳元光設客，令一袍袴行酒。光怒，令拽出，遂殺之。須臾爛煮以食客，後呈其二手，客懼，攫喉而吐。

　　（《朝野僉載》卷二，唐宋史料筆記叢刊本，中華書局　1979年10月第1版）

　　按：本條見《太平廣記》卷二六七，與武后朝著名酷吏索元禮、周興、來俊臣、侯思止等同置於「酷暴一」門，云出《唐摭言》，但學者汪紹楹點校時謂明抄本作出《朝野僉載》。《朝野

僉載》主要記載武后一朝的事迹，有不少是作者親身見聞，史料價值較高，歷來受到學者重視。《唐摭言》則爲五代時王定保所撰，《四庫全書簡明目錄》評其「述唐代貢舉之制特詳。其一切雜事，亦足見當日之士風，有資法戒。」

李吉甫（758—814）

李吉甫字弘憲，河北省贊皇縣人。好學能文，知識淵博，年二十七爲太常博士，後久任外官，唐憲宗時兩度出任宰相。所撰《元和郡縣圖志》，是唐朝地理名著，爲我國現存最早又較完整的地方總志。

> 漳州，漳浦。上。開元戶一千六百九十。鄉一十一。元和戶一千三百四十三。

本泉州地，垂拱二年析龍溪南界置，因漳水爲名。初置於今漳浦縣西八十里，開元四年改移就李澳川，即今漳浦縣東二百步舊城是。十二年，自州管內割屬福州，二十二年又改屬廣州，二十八年又改屬福州。乾元二年緣李澳川有瘴，遂權移州於龍溪縣置，即今州理是也。

> （中略）

> 漳浦縣　中下。東北至州一百二十里。垂拱中析龍溪南界置。

> （中略）

> 廢懷恩縣，在州西南三百一十里。垂拱二年置，屬漳州，開元二十九年廢，今置鎮。（《元和郡縣圖志》卷29）

按：福州都督府所管福、建、泉、漳、汀五州，在開元十三

年（一說開元二十二年）之前都隸於嶺南道，開元十三年之後才
自嶺南道割屬江南東道。故上文所謂屬福州或屬廣州，都是在屬
於嶺南道的前提下，具體由福州都督府或廣州都督府管領的問題。
又漳州初建時，戶口逃散，致使懷恩縣設而又廢，可以透視出其
時漳州受戰亂和瘴病影響，社會殘破，經濟、文化進步緩慢的問
題。

林　寶

　　林寶，山東省鄒縣人，生卒年不詳，唐憲宗元和時官太常博
士，有《元和姓纂》傳世。

【諸郡陳氏】

　　司農卿陳思問、左豹韜將軍陳集原、右鷹揚將軍陳元光、
　　河中少尹兼御史中丞陳雄：河東人。（《元和姓纂》卷3）

　　按：林寶是唐代著名史學家、譜學家。所著《元和姓纂》乃
奉朝命而作，徵引廣博，爲官方所認可，具有一定權威性。《姓
纂》謂陳元光爲河東人，乃指其郡望，並不意味著陳元光家住何
東郡。例如被同列爲河東人的陳集原，兩《唐書》皆有傳，乃是
「瀧州（今廣東省羅定縣一帶）開陽人也。代爲嶺表酋長。父龍
樹，欽州刺史。」陳元光、陳集原等嶺南首領俱稱望出河東，應
非巧合，其歷史背景有待更考。

顧　況（727—815）

　　顧況字逋翁，蘇州人，肅宗至德二年（757）登進士第，任

校書郎，遷著作郎，貶饒州（今江西鄱陽）司戶參軍。晚年隱於
茅山。

【酬漳州張九使君】

> 故人窮越徼，狂生起悲愁。山海萬里別，草木十年秋。鞭
> 馬廣陵橋，出祖張漳州。促膝墮簪珥，開幌戛琳球。短題
> 自茲簡，華篇詎能酬？無階承明庭，高步相追遊。南方榮
> 桂枝，凌冬捨溫裘。猿吟郡齋中，龍靜檀欒流。薜鹿莫徭
> 洞，網魚盧亭洲（一作舟）。心安處處安，處處思遐陬。
>
> （《全唐詩》卷264）

按：張九使君即張登，貞元十至十七年任漳州刺史。此詩約
作於貞元十年張登赴任之際，反映了當時漳州荒涼落後的社會面
貌。

劉　昫

劉昫字耀遠，河北省容城縣人。五代後唐、後晉兩朝兩度官
至宰相，循例監修國史，完成了《唐書》的修撰工作，北宋歐陽
修《新唐書》出，其書被稱為《舊唐書》。

【漳州】

> 垂拱二年十二月九日置。天寶元年，改為漳浦郡。舊屬嶺
> 南道，天寶割屬江南東道。乾元元年，復為漳州。天寶領
> 縣二，戶五千三百四十六，口一萬七千九百四十。在京師
> 東南七千三百里，至東都六千五百里。（《舊唐書》卷40）
>
> （下略）

吳 興

吳興字可權，原籍福建省漳浦縣，徙居龍溪縣。歷四會（廣東）令，餘干（江西）令，累遷奉議郎，通判潮州。

【漳州圖經序】

謹按本州在《禹貢》爲揚州之南境，周爲七閩之地，秦漢爲東南二粵之地。漢武平粵，爲東會稽冶縣併南海揭陽之地。晉宋以來，爲晉安、義安二郡之地。唐垂拱二年十二月九日，左玉鈐衛翊府左郎將陳元光平潮州寇，奏置州、縣。敕割福州（其時未有福州，泉州治今福州地，轄今福建東部及西南）西南地置漳州。初在漳浦水北，因水爲名，尋以地多瘴癘，吏民苦之，耆壽余恭（一作「若」）訥等乞遷他所。開元四年，敕移就李澳川置郡，故廢綏安縣地也。自初置州，隸福州都督府（武德八年置泉州都督府，漳州初置時隸此；景雲二年改爲閩州，開元十三年又改爲福州都督府，至此始得稱漳州隸於福州都督府），開元二十二年四月二十二日，敕割隸廣州；二十八年敕復隸福州。州本二縣，一曰漳浦，即州治也；一曰懷恩，二十九年十一月二十二日敕以戶口逃亡，廢之，併入漳浦。又割泉州龍溪縣隸本州。大曆十一年，福建觀察使皇甫政奏割汀州龍岩縣來屬，十二年五月二十七日敕從之。天寶元年改爲漳浦郡，乾元元年復爲漳州。興元二年，刺史柳少安請徙治龍溪，福建觀察使盧惎錄奏，貞元元年十一月十六日敕從之。遂以龍溪城爲州，定管龍溪、漳浦、龍岩三縣。山川清秀，原野坦平。良山記董奉之遊，九侯傳夏後之祀。

趙佗故壘，越王古城，營頭之雄堞依然，嶺下之遺基可識。
陳將軍忠貞冠代，王使君勳烈標時。周先輩之奇才，潘侍
郎之重德。大同有九虬之瑞，開元出祥雲之符。靈迹應祈，
筋山屏盜，遺芳未泯，勝概可尋。蔚爲江外之名邦，不特
閩中之要地。凡諸可紀，悉具於後。（康熙《漳浦縣志》卷
17《藝文》。據《全唐文》卷513卷所載校補及校改）

按：本文是吳興爲北宋祥符四年（1011）修成的《漳州圖經》
所作序文。《祥符圖經》已佚，吳《序》尚存，《全唐文》把它
誤收入513卷，並謂「興貞元時人」，大誤。吳《序》稱「陳將
軍忠貞冠代」，這是現存文獻中最早頌揚陳元光的資料，一反唐
代把他置於酷吏之列的批判態度，反映出唐宋兩代對陳元光評價
的根本性轉變，或者反映出中原士人與漳州本地人士對陳元光截
然相反的評價。

歐陽修（1007—1072）

歐陽修，字永叔，自號醉翁，六一居士，江西省永豐縣人。
天聖八年（1030）進士，官至樞密副使、參知政事。曾積極參加
范仲淹領導的慶曆新政，晚年與王安石政見不合，退居潁川。一
生博覽群書，以文章著名，著述甚豐。

【漳州漳浦郡，下】

垂拱二年析福州西南境置，以南有漳水爲名，並置漳浦、
懷恩二縣，初治漳浦，開元四年徙治李澳川，乾元二年徙
治龍溪。土貢：甲香、鮫革。戶五千八百四十六，口萬七
千九百四十。縣三。龍溪，中下。本隸泉州，後隸武榮州，

開元二十九年來屬。龍巖，中下。開元二十四年置，隸汀
州，大曆十二年來屬。漳浦，中下。開元二十九年省懷恩
縣入焉。有梁山。（《新唐書》卷41《地理五》）

　　按：《新唐書》署名「歐陽修　宋祁撰」，實際參加編撰的
有歐陽修、宋祁、范鎮、呂夏卿等人。其中《志》主要由范鎮撰
寫，歐陽修主持修撰工作後，也自撰了部分《志》如《選舉志》、
《儀衛志》等，並對所有《紀》、《志》作了審定修訂工作，即
所謂「刊撰紀、志六十卷」（《歐陽文忠全集》卷91《辭轉禮部
侍郎箚子》），故我們把本條掛在歐陽修名下。

朱　熹（1130—1200）

　　朱熹字元晦，晚年自號晦庵，祖籍徽州婺源，（今屬江西省）
出生在福建省尤溪縣。曾任秘閣修撰等官，但一生事業主要在講
學傳道，繼承和發展二程學說，集理學之大成。有《四書集注》
等著作傳世。

【漳州守臣題名記】

漳以下州領軍事，唐垂拱二年用左玉鈴衛翊府左郎將陳元
光奏置，領漳浦、懷恩二縣而治漳浦。開元四年徙治李澳
川，在舊治南八十里。二十九年廢懷恩入漳浦而割泉州龍
溪縣來屬。天寶元年改漳浦郡，乾元二年復爲州。大曆十
二年又割汀州龍巖來屬，貞元元年乃更徙治龍溪。唐末五
季之亂，常爲泉州支郡，而僞刺史董思安者，至以私諱輒
改號爲南州。我宋乾德四年，泉州陳洪進以二州版圖歸王
府，始復故號。太平興國三年五月一日，洪進入朝請吏，

遂以衛寺丞劉援來知州事。而五年又割泉之長太以屬焉。
蓋凡漳之所以爲州，其本末之可考者如此。其守將則陳公
沒而爲神，今以王封廟食。後乃或見或否，以至於劉侯而
後始有紀焉。蓋其廳壁之記本嘉佑中鄭侯偕之所立，逮淳
熙中火而復刻，則又趙侯公綢之爲也。紹熙元年，假守朱
熹至而觀焉，則其木理往往龜裂，且其所書又太煩悉，而
將無地之可書也。乃爲買石延平，礱置廳事，更爲擘窠省
文之法以寫舊記，而虛其左方以俟來者云。（《朱子大全》
卷80，中華書局聚珍本）

　　按：此文與吳輿《漳州圖經序》一樣，俱稱陳元光以左王鈐
衛翊府左郎將奏置漳州，可證漳州設置之前陳元光的官職以此爲
最高，是五品中級軍官。俗傳當時陳元光任嶺南行軍總管等職，
是不可信的。

陳　淳

　　陳淳字安卿，福建省龍海縣人。爲朱熹得意門生，發明師說，
著述甚富，今傳《北溪大全集》。

【上趙寺丞論淫祀】

今此邦之所崇奉者大抵皆非此族。其無封號者固無根源來
歷，而有封號者亦不過出於附會而貨取，何者而非淫祀？
惟威惠一廟，爲死事捍患於此邦，國朝之所封錫，應禮合
制，號曰忠臣義士之祠，邦人之所仰。然旣載在公家祀典，
則春秋薦享常儀，蓋有司之事，必肅其壇宇，嚴其扃鐍，
歲時禁人閒雜來往，止於朔望啓鐍，與民瞻禮，乃爲得事

神嚴恭之道。上不失乎敬鬼神而遠之之智，下不陷於非其
鬼而祭之之諂。陰陽人鬼不相亂，庶幾稱情而合宜。固非
民庶所得私祭而浪祀者也。今帳御僭越，既不度廟貌叢雜
不肅，而又恣群小為此等妖妄媟瀆之舉，是雖號曰正祠，
亦不免均於淫祀而已耳。非所祭而祭之曰淫祀。淫祀無福，
神其聰明正直，必不冒而享之。（《北溪先生全集》第四門卷
23，薌江鄭圭海安國氏重刊）

　　按：觀此文，則知南宋時對陳元光的崇拜已與淫祀無異，從
而又可知對陳元光的任意附會、塑造已在所難免。

章大任

　　章大任，浙江省金華人。南宋紹熙元年（1190—）以朝散郎
知漳州，有惠澤於民。

【威惠廟記】

靈著順應昭烈廣濟王廟食於漳，歷年數百，祭皿未嘗一日
乾也。然豐殺視情，不度於禮，或者尊奉之典猶有所未備，
狃於俗歟？抑歉於力歟？淳熙乙巳，郡侯方公因祠者之請，
於是定為春秋二祀。其行事也，以仲月之吉，春曰祈歌載
芟，秋曰報歌良耜，如周人之祀社稷焉。又取黃、汪二公
祀神曲次第歌之，籩豆簠簋，粢醴牲幣，即仿諸古，其有
宜於今者，亦不盡廢。禮視州社而微殺焉。行之四年，余
適守是邦。貢士蕭桂芳與其眾請曰：「禮之始行，費以緡
計者百，桂芳給其半，餘則預廟事者共助之。嗣是以衰資
為例，懼弗克久。項白於郡，將出眾力置田助祭，使奉祀

者遞掌其租入，以給厥事。即得之而餘，桂芳復捐田以助，計其費幸可以無乏。盍識之以遺後人？」余謂漳介泉潮間，其初惟荒徼如也。自王惠綏茲土，始創為州，夷群盜之藪，聚邑居之繁，阤然為閩壯藩。建邦啓土之功，誠不在社稷下。至於以死勤事，使聖人復生，亦當以殺身成仁歸之。然則方侯俾邦人以祀社稷者祀王，宜矣。夫自古禮不存，世之人憚於周旋登降之勞，而習於侈美游觀之飾。其祀神也，以瀆為恭，豈理也哉！方侯嘗為從臣，是舉誠知所本者。諸君又能不愛其力，相與扶植之，是可傳也，是可書也。後之人其毋忘經始之艱云。（《嘉靖龍溪縣志》卷3《祠祀》）

祝 穆

祝穆，字和父，原籍浙江新安，家於福建建陽。係朱熹的親戚，自幼追隨朱熹及其朋輩，性溫行淳，學富文贍，著有《方輿勝覽》。

【漳州·形勝】

地曠土沃（引自傅自得《道院記》），建州泉潮之間，（注云：唐垂拱間，《陳元光威烈廟記》云：公乞建一州於泉潮之間，以控嶺表。即其屯置郡。）以控嶺表。（《方輿勝覽》卷13）。

【陳侯祠】

《廟碑》云：公姓陳，諱元光。永隆二年（《輿地紀勝》卷131「漳州·官吏·陳元光」條作「三年」），盜次（

《紀勝》作「攻」）潮州，公擊賊降之，請置漳州（此句

《紀勝》作「公請泉潮之間創置一州，垂拱二年，遂勅置

漳州」）委公鎮撫。久之，蠻賊復嘯聚，公因（《紀勝》

作「討之」）戰歿，（《紀勝》多一「因」字）廟食於漳。

李顒詩：「當年嶺北正危時，數郡生靈未可知。不是有人

橫義氂，也應無計促藩維。」（《方輿勝覽》卷13「祠墓」）

　　按：陳元光廟御賜廟額曰「威惠」，而上引二條（《廟碑》

即《威烈廟碑》）均作「威烈」，引人注目。

王象之

　　王象之，浙江金華人，曾任江寧縣知縣，著有《輿地碑記》
四卷，《輿地紀勝》二百卷，其書今傳影宋抄本。

【循州威惠廟】

　　朱翌《威惠廟記》云：陳元光，河東人，家於漳之溪口。
唐儀鳳中，廣之崖山盜起，潮泉皆應。王以布衣乞兵，遂
平潮州。以泉之雲霄爲漳州，命王爲左郎將守之。復以戰
歿，漳人哭之痛，立祠於徑山。有紀功碑、《靈應錄》見
於廟云。（《輿地紀勝》卷91《循州·古迹》）

　　按：本條可注意者有三，一是稱陳元光河東人，與《元和姓
纂》所載符合，乃指其郡望；二是稱元光以布衣乞兵，說明他在
起兵前沒有官職；三是起兵時間在儀鳳中（676—678），比一般
記載爲永隆二年（681）早好幾年。

【唐威惠紀功碑】

　　有《靈應錄》在本廟。唐儀鳳中刻。（《輿地紀勝》卷91《

循州‧碑記》）

按：儀鳳中（676—678）陳元光年尚幼，不應有紀功碑，更不應有威惠之稱。循州若果有此碑，則必是後人偽作無疑。

【漳州風俗形勝】

> 建州於泉潮之間，以控嶺表。（注云：唐垂拱二年。陳元光威烈廟記云：公乞建一州於泉潮之間，以控嶺表。即其屯置縣爲治。）（《輿地紀勝》卷131）

趙雄　王淮

趙雄字溫叔，四川省資中人。宋孝宗隆興元年（1163）類省試第一，歷官至右丞相。王淮字季海，浙江省金華人。宋高宗紹興十五年（1145）進士，歷官至右丞相兼樞密事。記載孝宗朝史實的《淳熙會要》，由趙、王二人奏進。按宋修《會要》前後共歷十次。《宋會要》中「陳元光祠」一條，所載陳元光最後一次受封在孝宗乾道四年，推知應出於《淳熙會要》。

【陳元光祠】

> 在漳州漳浦縣。神宗熙寧八年六月封忠應侯，徽宗政和三年十月賜廟額威惠，宣和四年三月封忠澤公。高宗建炎四年八月加封顯佑二字，紹興七年正月又加英烈二字，十二年八月加封英烈忠澤顯佑康庇公，十六年七月進封靈著王，二十三年七月加封順應二字，三十年又加昭烈二字。王父政，母吐萬氏。紹興二十年六月封父曰助昌侯，母曰厚德夫人。王妻种氏，建炎四年八月封恭懿夫人，紹興二十年六月加封肅雍二字。王子珦，紹興二十七年四月封昭貺侯。

靈著順應昭烈王，孝宗乾道四年九月加封靈著順應昭烈廣
濟王；考胙昌侯加封胙昌開佑侯；妣厚德夫人加封厚德流
慶夫人；妻恭懿肅雍夫人加封恭懿肅雍善護夫人；子昭貺
侯加封昭貺通感侯；曾孫詠封昭仁侯；謨封昭義侯；訐封
昭信侯。（《宋會要輯稿》第二十冊禮二〇）

　　按：此條材料首次揭示陳元光的母親姓吐萬氏。吐萬氏爲代
北鮮卑豪族。隋代有吐萬緒，因得罪除名爲民，配防建安。（《
隋書》卷65《吐萬緒傳》）此爲與福建發生關係之吐萬氏一個支
派。或許這支吐萬氏後裔後來留居福建，有女嫁與陳元光，亦未
可知。聯繫到陳氏有一支是由侯莫陳氏所改，（《魏書》卷113
《官氏志》），這支陳氏本來也是代北鮮卑豪族，後來有不少家
族與嶺南、福建發生了關係。如陳宏唐代曾任泉州刺史，龍川（
循州州治所在）公陳賀略爲唐端州首領。（《元和姓纂》卷3）
又如北周名將侯莫陳芮，立功於并州（即唐代河東道），隋朝大
業年間得罪流放於嶺南；其弟侯莫陳穎在隋朝平陳之役中以行軍
總管渡江立功，隋文帝時以嶺南刺史縣令多貪鄙，蠻夷怨叛，拜
桂州總管、十七州諸軍事出鎮嶺南；隋煬帝時又因嶺南、閩越多
不附，徵拜爲南海太守，卒於任所。（《北史》卷60）雖然，侯
莫陳芮、侯莫陳穎在後魏改侯莫陳氏爲陳氏之後，仍一度姓侯莫
陳，但從後世侯莫陳氏已消失的情況來看，不能排除他們的後人
也改姓陳的可能；同時，也不能排除陳元光即由侯莫陳改陳入嶺
南諸家族之一支的可能。如果是這樣的話，陳元光與吐萬氏的祖
先都是代北鮮卑貴種，後來都落藉於嶺南、閩越，他們兩家族姻，
可謂門當戶對，最符合唐初婚姻習慣。

趙希穜

趙希穜，趙宋宗室，寧宗嘉定時活動於潮州。按《宋史》卷218《宗室世系四》有希稯，爲燕王房趙德昭派下師周之子；又有希道，乃同派趙師鑑之子。趙希穜或爲趙希稯之誤。

【潮州趙希蓬重修威惠廟題記】

> 威惠廟日就圮壞，邦人無有身其責者。玉牒趙希蓬畢力就事，以嘉定壬申三月朔興役，逾年春告成。敬書以志歲月，六弟希穜書。（《潮州趙希蓬重修威惠廟題記石刻》，轉引自《汕頭史志》92年3期，莊義青《修威惠廟題記石刻與陳元光籍貫辨》）

按：上引石刻在潮州西湖山北岩活人洞石刻旁。《宋史》卷218《宋室世系四》有趙希逢，希蓬或即希逢。

黃岩孫

黃岩孫，字景傳，福建泉州人。官迪功郎，南宋寶祐二年（1254）任仙遊縣尉。撰有《仙溪志》。

【威惠靈著王廟二】

> 在楓亭市之南、北。按漳浦《威惠廟集》云：陳政仕唐副諸衛上將，武后朝戍閩，遂家於溫陵之北，曰楓亭。靈著王乃其子也。今楓亭二廟，舊傳乃其故居。（《仙溪志》卷3《祠廟》）

按：此條披露漳浦縣原有《威惠廟集》，有關陳元光的家世，生平及死後社會評價等問題，《集》中必有所載，惜乎今已不傳。但該《集》直至南宋寶祐年間尚存，可證自唐迄南宋末有關陳元

光的記載是比較有根據，因而也是比較可靠的。

【敕靈著王父墓】

在縣北三里大蜚山下。春月闔邑士民皆祭掃焉。（《仙溪
志》卷2《冢墓》）

按：據漳州地區的方志和族譜記載，陳政墓南靖縣大峰山下
有一座，雲霄縣將軍山麓又有一座，共二座。此條又有一陳政墓，
則傳說中的陳政墓至少有三座了。

李　賢

李賢，字原德，河南省鄧縣人。歷仕英宗、景泰帝、憲宗三
朝，曾任翰林學士，吏部尚書，華蓋殿大學士等顯職，奉敕撰《
明一統志》。

【威惠王廟】

在府城外西南，其神未詳。廟有古碑云：唐廣明中（880
—881），黃巢兵經延平，有風雷雨雹自廟而出，賊大恐，
引去。其廟宋天聖中（1023—1031）修。（《明一統志》卷
77）延平府·祠廟」）

按：威惠王廟應即威惠廟，以陳元光已被追封為王之故。此
條表明，南宋時陳元光崇拜已從閩南粵東擴展至閩北地區。

黃仲昭（1435—1508）

黃仲昭，名潛，以字行，號未軒，福建省莆田縣人。明成化
丙戌（1466）進士，官翰林院庶吉士、編修，仕途坎坷，而精於

經學和文學，尤以修志見長。有《八閩通志》傳世。

【建置·漳州府】

> 唐嗣聖三年（中宗嗣聖年號僅行用一年。此處採取朱熹筆
> 法，把中宗初次即位之後直至神龍元年復位之間的年份俱
> 用嗣聖紀年，以示不承認武則天專權和篡唐自立），廣寇
> 陳謙等連接諸蠻攻潮州，左玉鈐衛翊府左郎將陳元光討平
> 之，請置一州於泉、潮之間，以抗嶺表。遂析福州西南境
> 置漳州，並於其地置漳浦縣以屬。（《八閩通志》卷1）

按：陳元光平廣寇的時間，唐宋時期有關文獻俱作永隆二年
（681），此處作嗣聖三年即垂拱二年（686），應是將「盜」起
之時與「寇」平之時混爲一談，實誤。

【將軍山】

> 唐將軍陳元光初征蠻寇，築城居之，故名。今有將軍父墓
> 在其麓。宋《祥符圖經》云：「將軍山，蔡如松辯之，以
> 爲古閩越王號力驪等爲吞漢將軍，使之南據險要以拒漢。
> 今自南抵潮梅界，又有將軍山，而大海之濱北岐有將軍澳，
> 鴻儒嶼有將軍礁，豈皆元光之迹乎？（《八閩通志》卷8《山
> 川》）

【將軍嶼】

> 在十五都。磐石疊聳，舟舶不通。濱海者多乘筏取蠣於此。
> 相傳陳元光曾駐兵於其上，故名。蔡如松辯見「將軍山」
> 下。（《八閩通志》卷8《山川》）

【磨劍石】

> 在縣西南二都石塍溪。世傳唐將軍陳元光平寇，磨劍於此，
> 故名。（《八閩通志》卷8《山川》）

【威惠廟】

在府城北門外，以祀唐中郎將右鷹揚衛將軍，贈（豹）韜衛大將軍陳元光。詳見《名宦志》。嗣聖中，建廟於漳浦之雲霄。貞元二年，州治遷於龍溪，民多祀之。五代暨宋累封靈著順應昭烈廣濟王。建炎四年，始建廟今所。淳祐六年，郡守方來因縣尉陳首龍之請，歲春秋致祭，郡人爭捐資買田以相祀事……國朝正統九年，僉事陳祚重修廟宇。十四年毀於寇。（《八閩通志》卷59《祠廟》）

【漳浦威惠廟】

在縣西門外三里許。唐嗣聖中建於邑之雲霄，開元四年隨州縣徙今所。詳見本府《祠廟志》。宋慶曆中，有群寇自汀，虔直抵漳浦，民皆逋竄。令呂璹禱於神。俄而空中有金鼓之聲，賊徒斂手就縛者三百七十餘人，自言四顧皆神兵，無路以逸。紹定間，汀、邵寇犯縣境，居民竟奔走哀告於神。俄而廟有大蜂千百為群，飛集道路，盜不敢過，邑賴以全。（《八閩通志》卷59《祠廟》）

【龍岩威惠廟】

在縣治西。詳見本府《祠廟志》。（《八閩通志》卷59《祠廟》）

按：宋代，特別是南宋，朝野奉道信神氣氛濃重，掀起了造神運動的高潮，漳州地區對陳元光的神化也有逐步升級的趨勢，關於陳元光顯靈的種種神迹就是在這種背景下製造出來的。

【陳政墓】

在縣將軍山之麓。政，元光父也。唐時為諸衛將軍，領兵戍閩，卒葬於此。俗名「將軍墓」。其墓有祭田，至今佃

人歲時祭掃。按《郡志》，元光初葬其父母於邑之雲霄，後因術士謂其有王者氣，亟改葬南靖新安里北溪社大峰山以避之。後元光戰歿，廟食茲土，累封王爵。俗謂其役使鬼物，仍遷其柩葬於雲霄山之故處。其言甚不經。然今二縣皆有所謂將軍墓者，意其初葬南靖，後遷漳浦，郡人神之，故以為是說也。　　（《八閩通志》卷79《丘墓》）

【拾遺·漳州府】

太宗漸次芟夷，獨閩廣間猶有遺孽。嗣聖元年，徐敬業起兵淮揚，潮梅間又有梁感者為之羽翼。朝廷遣玉鈴衛大將軍梁郡公李孝逸提三十萬眾以破之，而梁感之徒尚在也。陳元光父子奉命討賊，興建營屯，掃除凶醜，方數千里間無桴鼓之警。又為之立郡縣，置社稷，蓽路藍縷，以啟山林，至損軀殞命而後已。唐史傳闕而不載，使元光之豐功偉烈無傳焉。因志於此，以待後之補唐史者。

宋·呂璹《威惠廟》詩：「當年平賊立殊勛，時不旌賢事忍聞？唐史無人修列傳，漳江有廟祀將軍。」張薈詩：「功名不到凌煙閣，讀盡豐碑淚欲流。」劉濤詩：「史書失記當年事，野老豐碑語不同。」張遵詩：「莫道蓋棺方事定，將軍身後更封侯。」（《八閩通志》卷86《拾遺》）

按：此條所引北宋慶曆中漳浦縣令呂璹的詩，因不見於其他記載，不能確定是否真的出於呂璹之筆，故權置於此，未敢遽爾作為宋代史料對待。從這段記載和所引諸詩來看，至明代朝野已基本上對陳元光採取感激和歌頌的態度。但對陳元光的生平行事，因為出於傳聞，附會不實，藝術加工的成份已越來越大，「野老豐碑語不同」一句便揭示了這一趨勢。另外，對於陳元光的評價

不能蓋棺論定，死了幾百年後屢獲追封的現象，則出於後世統治者的政治需要。它更多地反映了陳元光因後世社會和政治的原因不斷被神化的情況，而不能視爲對陳元光生前作爲的客觀公允評價。

【漳州府祥異】

紹興四年春，威惠廟燕堂中山茶葉上下吐兩花如龍爪，一本五出，一本八出，青綠色而有異香。（《八閩通志》卷81《祥異》）

按：此條所載相當於爲帝王歌功頌德的「祥瑞」，是神化陳元光的手段之一。

劉天授、林魁、李愷

劉天授字可全，江西省萬安縣人。嘉靖十二年（1533）出任龍溪縣知縣。林魁，福建省龍溪縣人，歷任廣東右參政，山西視學、按察副使。李愷字克諧，號抑齋，福建泉州人，進士。《嘉靖龍溪縣志》由龍溪知縣劉天授主修，由退休在家的鄉紳林魁和寓居龍溪的泉州進士李愷等人纂成。

【威惠廟】

城北門外，祀唐將軍陳公元光。公河東人。父政，以諸衛將軍戍閩。出爲嶺南行軍總管，平廣寇，開創漳州，以左郎將領州事。後戰歿於陣，漳人至今思之。廟初建漳浦縣，建炎四年始建今所。宋守章大任記（下略）。（《嘉靖龍溪縣志》卷3《祠祀》）

按：明嘉靖年間所修方志，包括本志、長泰縣志、廣東通志，

都記載陳元光爲河東人（指郡望），父政以諸衛將軍戍閩，與唐宋文獻所載符合，說明這部分記載是可靠的；但這個時期的方志記載增添了陳元光任嶺南行軍總管等內容，在唐宋文獻中找不到任何根據，又與唐代有關制度矛盾，應是後人僞造的，說明僞造陳元光家世生平的現象在明朝中葉以前即已開始。

蕭廷宣

蕭廷宣，事迹不詳，明嘉靖間撰《長泰縣志》二卷，今傳嘉靖三十七年（1558）刻本。

【威惠廟記】

威惠廟，勅靈著順應昭烈廣濟王，姓陳氏，諱元光，係出河東。父政，唐初爲諸衛將軍，領兵戍閩。王從之，因家於雲霄。父歿，王將代其兵，以功任玉鈐衛翊（府）左郎將。永隆三年，爲嶺南行軍總管。垂拱二年，王請別置一州於泉朝間，以控嶺表。仍即其屯爲州治。初置漳州漳浦、長泰縣。南唐吳文洽作《廟記》，所謂變家爲郡者也。尋以功遷中郎右鷹揚衛將軍。乃躬率部曲，剪薙荆棘，開掘村落，收輯散亡，營農積穀，興建陶冶，以通商賈，以阜百貨。然後深入險阻，掃蕩桀黠。於是東距泉建，西踰潮廣，南接島嶼，北抵虔撫，方數千里間，威望凜然，無桴鼓之警。常有望氣者告其親塋地有王氣，王亟命徙之大溪峰以謝嫌疑。無何，寇復鴟張。王率輕騎討之。援軍從後至，戰歿於陣。漳民哭哀，相與立廟祀之。詔贈韜衛大將軍。開元四年，州治徙（李）澳川，廟亦隨之。時號半徑

將軍。有詔重修廟宇，賜以彤肅器皿。貞元二年，州治徙龍溪，由是所在立祠矣。五代陞忠懿王，追封保定將軍。宋熙寧七年，封忠應王。政和三年，勅賜威惠廟。宣和四年，封忠澤公。建炎四年，封忠澤顯祐公。是年州人始作原廟於北門外。凡爲百楹，屬州內翰藻爲之記，而係以詩。紹興十二年，增封英烈顯祐康庇公；十六年封靈著王。郡博士葉儀鳳跋其誥詞。二十二年，小君种氏封恭懿肅雍善護茲夫人。自曾祖至曾孫七世各有封，皆有異宮以崇香火焉。（《嘉靖長泰縣志》卷下）

按：南唐吳文治的《廟記》，把陳元光平蠻開漳的事業概括爲「變家爲郡」，是很有見地的。當時陳元光是漳州的世襲領主，猶如劉邦滅楚立漢後把天下視作自己的產業一樣，陳元光當然也把新建的漳州視作自己家業的擴大，即所謂「變家爲郡」。但此記不少內容張冠李戴，如「五代陞忠懿王」一項，明顯是把王審知被後梁封爲「閩忠懿王」的事誤作陳元光的事；其他如追封保定將軍，熙寧封忠應王等內容，也是事屬無稽。這些說明後世關於陳元光的誇誕不實記載，有一部分是把別人的事迹混入陳元光事迹造成的，把忠懿王事與陳元光事混雜，應是後世譜誌說陳元光固始人的錯誤根源，尤足注意。

黃　佐

黃佐，字才伯，廣東香山人。明正德中（1506—1521）舉鄉試第一，嘉靖皇帝即位後進士及第，選爲翰林院庶吉士，歷掌南京翰林院、南京國子祭酒等官。宗程、朱理學，著述甚豐。所纂

修的《廣東通志》於嘉靖四十年（1561）刊刻。

【陳元光】

> 揭陽人，先世家潁川。祖洪，丞義安，因留居焉。父政，
> 以武功著，隸廣州揚威府。元光明習韜鈐，善用兵，有父
> 風，累官鷹揚衛將軍。儀鳳中，崖山劇賊陳謙攻陷岡州城
> 邑，遍掠嶺左，閩粵驚擾。元光隨父政戍閩，父死代爲將。
> 潮州刺史常懷德甚倚重之。時高士廉有孫琔嗣封申國公，
> 左遷循州司馬。永隆二年，盜起攻南海邊鄙。琔受命專征，
> 惟事招慰。乃令元光擊降潮州盜，提兵深入，伐山開道，
> 潛襲寇壘，俘馘萬計，嶺表悉平。還軍於漳，奏請創置漳
> 州，謂《周官》七閩，宜增爲八。詔從之，就命元光鎮撫。
> 久之，殘黨復熾，元光力戰而歿。事聞，上旌其忠，初贈
> 右豹韜大將軍，詔立廟漳浦。開元四年追封潁川侯，詔賜
> 彤弓二以彰有功。謚昭烈。注：據廣州舊志，一統志參修
>
> （《嘉靖廣東通志》卷515）

按：本條關於陳元光家世的記載，注明是據前志和一統志而成文，應有較早的文獻根據，所載又符合陳元光作爲嶺南首領的身份，應是比較可靠的。後來《乾隆潮州府志》、《道光廣東通志》、《嘉慶重修一統志》的廣東卷及當代著名學者饒宗頤所修《潮州志》都襲用了《嘉靖廣東通志》的這種提法。廣東省的一些陳氏族譜，如饒平大巷《陳氏族譜》，也記載陳元光的祖父「諱犢，一諱洪，字克耕」，「隋末爲義安丞」，與黃志所載符合，而與福建省的陳氏族譜相左。所以如此之故，很明顯是福建受到固始人王審知創建閩國的影響，各姓氏都喜歡說自己祖宗來自固始，而廣東不受這一歷史背景影響所致。但明代廣東譜志對於陳

元光的家世、生平也有偽托、附會現象，如說陳元光「先世家潁川」，又說他奏請創置漳州時說了「《周官》七閩，宜增為八」之類的話，都是不足置信，必須嚴格加以識別出來的。

林偕春

林偕春，字孚元，福建省雲霄縣人。嘉靖44年（1565）進士，歷官翰林院庶吉士、編修，兩浙督學。

【唐將軍廟二首】

將軍遺像肅炎方，奕奕威名起盛唐。萬里版圖皆草昧，千秋祠廟齊輝光。雲留斷碣悲終古，風振長旌福在漳。野老只今供歲事，猶云流澤海天長。

英風義烈凜當年，廟貌長存海國天。斑白有時談往迹，汗青無自睹遺編。空山豺虎聞弓劍，落日龍蛇護几筵。一自荊榛披血戰，雲霄王氣至今傳。（《嘉慶雲霄廳志》卷18《藝文下》）

梁兆陽

梁兆陽，廣東省番禺縣人，明崇禎初任海澄縣知縣，主修《海澄縣志》，於崇禎五年（1632）修成付梓。

【海澄威惠廟】

在槐浦。宋龍南令陳兟募眾鼎建。唐玉鈐衛將軍陳元光，宋封靈著順應昭烈廣濟王，闢疆開郡，漳人處處尸祝之，槐浦其一也。其在儒山亦廟宇宏敞。（《崇禎海澄縣志》）

【儒山廟】

在八都儒山。廟宇宏敞，祀唐靈著王。《淳佑清漳志》曰：
靈著順應昭烈廣濟王，姓陳氏，諱元光，係出河東。父政，
唐初爲諸衛將軍，領兵戌閩。王從之，因家於雲霄。父歿，
王代將其兵，以功任玉鈐衛翼左郎將。永隆三年爲嶺南行
軍總管，垂拱二年請別置一州於泉潮間以控嶺表，仍其屯
爲州治。（中略）自曾祖至曾孫七世各有封。曾祖垂休侯，
妣衍惠夫人；祖濟美侯，妣昭德夫人；考胙昌開佑侯，妣
厚德流慶夫人；子昭貺通感侯，婦贊佑夫人；女柔懿夫人；
孫協應侯，婦靜應夫人；曾孫昭仁侯，婦福昌夫人；次昭
義侯，婦嗣徽夫人；次昭信侯，婦淑雍夫人。（《崇禎海
澄縣志》）

按：本條把《淳祐清漳志》所載與後來附會衍生的內容混雜
在一起，使人難以區分。對照他志所載，自「永隆三年爲嶺南行
軍總管」以下，應是《淳祐志》之後衍生的內容。《乾隆海澄縣
志》「儒山廟」條，引《淳祐志》，亦無陳元光爲嶺南行軍總管
之文。

【普賢廟】

在普賢社。上庵舊名慈濟宮，祀眞君及方帝，又唐將軍與
其裨將謝安（廣）惠王均祀焉。庵之內有池種蓮。庵舊名
崇貞院，祀廣惠王。（《崇禎海澄縣志》）

顧炎武（1613—1682）

顧炎武，初名絳，字寧人，號亭林。明亡改名炎武，以示不

事二姓。明末清初大思想家、大學者，著述宏富，《天下郡國利病書》為其代表作之一。

【漳猺人】

> 漳猺人與虔、汀、潮、循接壤錯處，亦以槃、藍、雷為姓……常稱城邑人為河老，謂自河南遷來，畏之，緣陳元光將卒始也。（《天下郡國利病書》第廿六冊「福建六」）

按：顧炎武在這段話中，用了「常稱」、「謂」等字眼，表明所述內容是「漳猺人」的傳說，作者本身對其內容的可靠性未置可否。「漳猺人」即今畬人。從這段記載看來，陳元光將卒來自河南的傳說在明末已經盛行。

丁世勳

丁世勳，字古臣，福建省龍海縣人。清順治年間奉旨特簡文賢。傳世的《白石丁氏古譜》為其於順治十三年續修而成。

【白石丁氏古譜懿蹟紀】

> 始祖唐開漳名宦、軍諮祭酒、佐郡別駕九承事郎丁府君諱儒，字學道，一字維賢。先濟陽人，徙光州固始。府君童歲舉進士於鄉，未第。曾鎮府以女許之。高宗麟德間甲子，曾以諸衛將軍鎮閩，府君就閩贊焉。
>
> 總章二年戊辰，天子遣將軍陳政與曾鎮府更代，而曾遂留寓龍江。府君通經術，喜吟咏，練達世務。將軍政與語，慕焉，引為軍諮祭酒。有所注措，悉與籌劃，為莫逆交。
>
> 政沒，子元光代，府君復佐元光平寇開郡，功專幃幄。置郡治漳浦。垂拱間，承詔任佐郡承事郎。

先是，泉潮之間故綏安縣地也，負山阻海，林澤荒僻，爲
獠蠻之藪，互相引援，出沒無常，歲爲閩廣患。且凶頑雜
處，勢最猖獗，守戍難之。自六朝以來，戍閩者屯兵於泉
郡之西，九龍江之首，阻江爲險，插柳爲營。江當溪海之
交，兩山夾峙，波濤激湧，與賊勢相持者久之。至是府君
首議與將軍政陰謀，遣人沿溪而北，就上流緩處結筏連渡，
從間道襲擊之。遂建寨柳營江之西，以爲進取，恩威并著，
土黎附焉。轄其地爲唐化里，而龍江以東之民陸續渡江田
之。且戰且招，追殺寇於盤陀、梁山之下，盡殲之。願附
者撫而籍之。咸亨四年癸酉，請於朝，移鎮漳浦，以拒潮
寇。阻盤陀諸山爲塞。儀鳳之初，撫循既熟，復進屯於梁
山之外，而凶頑不敵者率引遁叢林邃谷中。猶虞出沒，乃
募眾民得五十八姓，徙雲霄地，聽自墾田，共爲聲援。蓋
闢土開疆，招徠黎庶，府君功稱最焉。

未幾，將軍政沒，子元光代。府君復贊嗣將軍元光，張皇
武事，誅首惡，徙頑民，而民始畏威見德云。會有潮寇陳
謙者，結土蠻苗（自）成，雷再興等攻陷潮陽，又佐將軍
元光討平之。其西北山峒之黎，林木陰翳不相通，乃開山
取道，興陶鑄，通貿易，因土民誘而化之，漸成村落。拓
地千里，請置郡漳浦，注刺史以鎮壓之。垂拱二年乙酉，
詔元光以玉鈐衛左郎將爲漳州刺史，得專制境內。丁儒以
左承事郎佐郡，參理州事。統漳浦、懷恩二邑，至南詔鎮。
於是勸課農田，惠工通商，財用以阜。其負固未服者，率
輕銳撲平之。上下閩廣間始得相安故業云。

自平寇開郡，二十餘年，府君屢謝事歸閩，而其奉檄起任

事者不一。後以循行部落，染嵐氣，卒於外，歲睿宗景雲元年庚戌十月初　日也。明年，潮寇與土蠻復作，將軍元光殞於戰，漳人哀而祠之。有頌述將軍父子功者，無不指稱佐郡丁承事，其贊襄之力居多也。

府君初卜宅於江東象山之原，蓋開屯舊地也。先龍溪為泉屬邑，歸閩之際，府君募民障海為田，瀉鹵成淡，而沿江上下暫有耕地，為吾鄉永世之利。沒之後，與祖妣淑人曾氏合葬丁原坑，去故居數百武。迨開元二十九年辛巳，以漳民逃亡過半，廢懷恩悉隸漳浦，而割泉龍溪於漳。至德宗貞元二年，又徙州治於龍溪永寧鄉唐化里登高山下桂林村，而龍溪為漳負郭縣。此江東丁氏所由始也。前有席宏者，為府君譔行狀。四世孫諱祖石其概於寢壁中，二十一世孫維勒譜而訂為傳，二十四世孫世勳復輯而成文於此。

　　按：此文追記丁氏入閩始祖丁儒佐陳政、陳元光平蠻、開漳的事迹，文中有些職官和地理區域使用了唐代所無後世才有的名稱，故有人懷疑其為偽托假造。但《丁氏古譜》歷來為治地方史志者所重，黃仲昭《八閩通志》和明清時代漳州府縣志多引其文，則此文所本必有較可靠的史實基礎，因而在相當程度上反映了漳州初創時期的史影，蓋可無疑。

【冬日到泉郡進次九龍江與諸公唱和十三韻】

迢遞千重險，崎嶇一路通。山深迷白日，林盡豁蒼穹。正值嚴冬際，渾如春晝中。泉醴開名郡，江清穩臥龍。天涯寒不至，地角氣偏融。橘列丹青樹，橦抽錦繡叢。秋餘甘菊艷，歲迫麗春紅。麥隴披藍遠，榕莊拔翠雄。減衣遊別塢，赤腳走村童。日出喧鳥鵲，沙晴落雁鴻。池渐含晚照，

嶺黛徹寒空。風景無終始，乾坤有異同。但思鄉國迴，薄
暮起心忡。（《白石丁氏古譜》引作《始祖遺詠二首》之一）

【歸閑二十韻】

漳北遙開郡，泉南久罷屯。歸尋初旅寓，喜作舊鄉鄰。好
鳥鳴簷竹，村黎愛幕臣。土音今聽慣，民俗始知淳。烽火
無傳警，江山已淨塵。天開一歲暖，花發四時春。雜卉三
冬綠，嘉禾兩度新。俚歌聲靡曼，林酒味溫醇。錦苑來丹
荔，清波出素鱗。芭蕉金剖潤，龍眼玉生津。蜜取花間露，
柑藏樹上珍。醉宜諸蔗瀝，睡穩木棉茵。茉莉香籬落，榕
陰浹里閭。雪霜偏避地，風景獨推閩。辭國來諸屬，於茲
締六親。追隨情語好，問餽歲時頻。相訪朝和夕，渾忘越
與秦。功成在炎域，事定有閑身。詞賦聊酬和，才名任隱
淪。呼童多種植，長是此方人。（《白石丁氏古譜》引作《始
祖遺詠二首》之二）

　　按：上引二詩是否真為丁儒所作，學界尚有爭論。詩中確有
一些地名和植物名實的問題，不應出自唐前期人之口。但將此二
詩刻於寢壁的丁祖，已說其詩是「少時聞先人所傳」；自丁祖到
續編《白石丁氏古譜》的丁世勳，其間又歷經離亂和蟲蛀，舊譜
幾經散佚而復續。在歷次續編族譜時，難免瀾入後人改竄之祠，
以致出現了一些令人懷疑之處。但據此並不足以完全否定其詩的
史料價值。關鍵是如何去偽存真、挖掘出其詩所反映的漳州草創
時期史影。

陳汝咸

　　陳汝咸，浙江鄞縣人，清聖祖康熙三十年（1691）進士，三十五年由翰林改任漳浦縣令，撰有《康熙漳浦縣志》。

【海雲山】

　　在邑東二十里七都境內。《南齊書》「武帝初舉義兵，避屯揭陽山。」惟時漳浦未建，梁山固揭陽境，其爲武帝所登眺無疑也。《丁氏家譜》云：「置漳州，在梁山之陰……」（《康熙漳浦縣志》卷1《方域上》）

【齊帝石】

　　《通典》：潮陽境本漢揭陽縣地，南齊時爲義安郡。於時漳浦未建，懷恩未割，則梁山固揭陽境矣。（《康熙漳浦縣志》卷1《方域上》）

　　按：《嘉靖廣東通志》稱「陳元光揭陽人」，據上引二條，今漳浦、雲霄、詔安等縣在南齊時都屬於揭陽縣，所謂「陳元光揭陽人」並非一定指陳元光是今廣東省揭陽縣人，倘若陳元光當時家於今漳浦、雲霄、詔安等縣境內，也可以稱爲揭陽人。

【漳江】

　　溪水自西林而出，海水自銅山海門而入，清濁合而成章，故名。又曰：以漳名郡，自漳浦也。水自盤陀嶺至無象鋪，匯而爲浦。昔陳元光之父至漳曰：此水如上黨之清漳。故漳浦名縣，漳州名郡，皆本此矣。（《康熙漳浦縣志》卷1《方域上》）

　　按：本條提出了漳江得名的二種說法，相比之下，前一種說法來源較早，較自然；後一種說法是後來附會之說。

【石膝溪】

> 杜氏《通典》載：漳浦郡西北至石膝溪一百五十里。《淳
> 佑志》云：「石膝溪有靈著王故壘及磨劍石。唐杜歧公作
> 《通典》，載臨漳石膝渡，是時去垂拱未遠，必有所考。」
> 沈存中《筆談》（指沈括《夢溪筆談》）載：「漳州界有
> 烏腳溪，涉者足皆如墨，飲之則病瘴，行人皆載水自隨。」
> （《康熙漳浦縣志》卷1《方域上》）

　　按：本條所引《淳佑志》關於石膝溪的記載，說明陳元光當
年開拓漳州時活動環境的險惡，同時還給我們一個啓發，即漳江
的得名既不是「如上黨之清漳」，也可能不是溪水、海水合而清
濁成章，而可能是由於當時漳江流域瘴癘肆虐，人們稱爲「瘴江」，
後來被美化爲「漳江」。

【叢談】

> 《舊志》載儀鳳二年陳元光開屯漳水北，垂拱四年疏請建
> 州於泉潮間，宰相，侍從官裴炎、婁師德、裴行立、狄仁
> 傑議以爲是，詔可之。（《康熙漳浦縣志》卷19）

　　按：漳州建於垂拱二年（686），此稱垂拱四年疏請建州；
裴、婁、裴、狄四人不同時爲宰相、侍從官，且裴炎死於光宅元
年（684），裴行立當垂拱年間尚未出生，而狄仁傑、婁師德分
別於天授二年（691）、長壽元年（692）入相。而「叢談」把他
們拉在一起議論陳元光奏議，一何悖謬！

【陳元光光州固始人】

> 陳元光光州固始人，王審知亦光州固始人，而漳人多祖元
> 光，興（化）、泉（州）人多祖審知，皆稱固始。按鄭樵
> 《家譜後序》云：「吾祖出滎陽，過江入閩，皆有源流，

孰爲光州固始人哉！夫閩人稱祖，皆曰自光州固始來。實由王潮兄弟從王緒入閩，審知因其眾克定閩中，以桑梓故，獨優固始。故閩人至今言氏族者本之，以當審知之時重固始也。其實謬濫。

自唐陳將軍入閩，隨行有五十八姓。至今閩人率稱光州固始。考《閩中記》唐林諝撰，有林世程者重修，皆郡人。其言永嘉之亂，中原仕族林、黃、陳、鄭四姓先入閩。可以證閩人皆稱光州固始之妄。（《康熙漳浦縣志》卷19）

按：閩人妄稱來自光州固始的現象，自五代時閩國建立後即已出現。宋代史學家鄭樵已指出其謬濫，不意如今還有人堅持這種謬論。

魏荔彤

魏荔彤，字念庭，河北柏鄉人。貢生出身，康熙四十九年（1710）任漳州知府，宦績卓異。任中主修成《康熙漳州府志》，世推善本。

【漳浦縣威惠廟】

在縣西門外三里許。廟始立雲霄，後隨縣遷改。廟故有租八百餘石，久且湮沒。嘉靖三十三年知縣愼蒙覈而復之，得租百八十六石有奇，著之籍，仍爲將軍立專祠。前有樓三楹，登眺者以爲勝。縣常祭外例又椎牛犒祭。廊祀諸將，雜以巫覡，不經。萬曆壬子，縣令區龍禎始革之，節牛價及辦酒諸費，議積置學田以贍貧生，餘以爲修理本祠之用。歲久廟圮。國朝康熙二十六年，知縣楊過即樓址建門及前殿、後寢，俱鼎建一新。寢祀夫人种氏。（《康熙漳州府志》卷

8《祀典》）

【龍岩縣威惠祠】

在西門外。原祭田五十畝，知縣陳茂芳、吳守忠清查出二十九畝。（《康熙漳州府志》卷8《祀典》）

【長泰縣威惠廟】

在縣東人和里。宋縣令王朝俊捐建。明崇禎間知縣文可觽重修。有祀田。（《康熙漳州府志》卷8《祀典》）

【詔安縣將軍廟】

在良峰山麓。祀唐將軍陳元光。元時建，明嘉靖間毀，遷神像祀縣城南關內。廟舊九座，有園，租歲銀十兩八錢，入官以供祀事。（《康熙漳州府志》卷8《祀典》）

【功臣祠】

在縣東。祀唐將軍前鋒將許天正及元光子珦。又有靈侯祠、祁山廟、沈李二公廟，俱祀將軍裨將。（《康熙漳州府志》卷8《祀典》）

【唐選舉】

中宗萬歲通天元年丙申王維榜一人

陳珦　　　將軍元光子，有傳

薦辟五人

陳酆　　　將軍元光孫，舉秀才，有傳。

陳詠　　　元光曾孫，應刺史鄭昌士辟爲恩州判官，有傳。

（下略）　　　（《康熙漳州府志》卷13《選舉》）

按：志載珦、酆、詠三人科名，俱屬無稽。關於陳珦科第之考辨，已見本書有關篇章，茲謹指出酆、詠之誤如次：秀才科在唐高宗永徽二年（651）已停止，（見《文獻通考》卷29《唐登

科記總目》）陳酆怎能「舉秀才」；鄭昌士，後改名良士，字君夢，唐末五代時人。其任恩州刺史在唐宗景福二年（893）之後。（見《仙溪志》卷4）而陳詠約當代、德、順、憲四朝時人，昭宗時早已作古，又何能被鄭昌士辟爲恩州判官？

【陳　政】

陳政，字一民，光州固始人。父克耕從唐太宗攻克臨汾等郡。政以從征功，拜玉鈐衛翊府左郎將，歸德將軍。高宗總章二年，泉潮間蠻獠嘯亂，民苦之，僉乞鎮帥以靖邊方。朝廷以政剛果有爲，謀猷克愼，進朝議大夫，統嶺南行軍總管事，出鎮綏安。將士自許天正以下一百二十三員，從其號令。詔曰：『莫辭病，病則朕醫；莫辭死，死則朕埋。』比至，草創經營，備極勞瘁。自以眾寡不敵，退保九龍山，奏請援兵。朝命以政兄敏泊敷領軍校五十八姓來援。敏、敷道卒。母魏氏代領至閩，乃進屯梁山外之雲霄鎮，作宅於火田村，居焉。嘗涉雲霄江謂父老曰：『此水如上黨之清漳。』故以漳名江，而漳州名郡，漳浦名縣，悉本諸此。儀鳳四年二月卒。（《康熙漳州府志》卷19《宦績》）

【陳元光】

陳元光，字廷炬，政子也。生而穎異，博通經史，所著《兵法射訣》與黃石公《素書》及《太公韜略》相表裡。年十三，領鄉薦第一。總章二年，隨父政領軍入閩。父卒，代領其眾。會廣寇陳謙連結諸蠻苗自成，雷萬興等，攻陷潮陽，守帥不能制。元光以輕騎討平之。永隆二年，盜起攻南海邊鄙。循州司馬高琔受命專征。令元光援兵入潮，伐山開道，潛襲寇壘，俘獲萬計，嶺表悉平，還軍於漳。

事聞，進正議大夫、嶺南行軍總管。垂拱二年，（即嗣聖
三年）上疏言：周官七閩，宜增爲八，請建一州泉潮間，
以控嶺表，註刺史領其事。時朝議以爲遐方僻壤，萬一建
官不諳土俗，民受其殃。元光父子久牧茲土，蠻畏民懷，
莫如令其兼秩領州。詔可其請，並給告身，俾建漳州漳浦
郡邑於綏安地。進中郎將，右鷹揚衛率府，懷化大將軍，
仍世守刺史。自別駕以下得自辟置。元光復疏：山林無賢，
而部曲子弟馬仁等多有幹略，請授爲司馬等職。詔從之。
迺率仁等剪荆棘，開村落、收散亡、營農積粟、興建陶冶、
通商惠工。奏立行臺於四境，時巡邏焉。由是北距泉、建，
南踰潮、廣，東接島嶼，西抵虔、撫，方數千里無桴鼓之
聲（一作警），號稱治平。先是，葬父政於雲霄山。有望
氣者指其塋域有王氣。元光曰：豈敢當此？亟徙之大溪峰。
後葬祖父母於半徑山，承重結廬，守制三年。其帥事一付
別駕許天正。時稱爲半徑將軍。已而蠻寇雷萬興，苗自成
之子復起於潮，潛抵岳山。元光率輕騎討之，援兵後至（
一說援兵自後至）爲賊將藍奉高所刃而卒，時景雲二年十
一月也。百姓哀悼，相與制服，哭之。權葬於綏安溪之大
峙原。事聞，詔贈豹韜衛鎭軍大將軍。開元四年，徙治李
澳川，詔立廟，賜彤簫器皿及盛德世祀之坊。貞元二年，
徙州治龍溪，勑有司改葬於州北九龍里松洲保之高坡山，
春秋饗祀。宋歷封靈著順應昭烈廣濟王。明初正祀典，改
封昭烈侯。舊志云：按《浦志》，公歿，子珦聞於朝，詔
贈品秩並賜謚云：以身殉國之謂忠，戰勝攻取之謂毅，引
薦善類文之謂也，普播仁恩惠之謂也，可贈豹韜鎭軍大將

軍，兼光祿大夫、中書左丞，臨漳侯。謚忠毅文惠。癸酉
志載贈謚亦同。按唐制，太常謚法駁議頗嚴，宰臣之謚若
杜如晦、封德彝、陳叔達、溫彥博等，謚皆一字。吏部尚
書呂諲卒，有議增謚忠肅者，獨孤及力駁其非，載在《通
典》。四字爲謚，未之前聞。豈宋以後追謚之耶？鎮軍大
將軍武階二品，光祿大夫文階二品，兼秩爲贈，或書特點，
而唐官制有尚書左丞，中書無丞。前志據家譜書之，誤矣。
今並闕疑。又云：按元光家譜載：時從元光入閩者，婿盧
伯道，戴君冑，醫士李茹剛，前鋒將許天正，分營將馬仁、
李伯瑤、歐哲、張伯紀、沈世紀等五人。軍謀祭酒等官黃
世紀、林孔著、鄭時中、魏有仁、朱秉英等五人。府兵校
尉盧如金、劉舉、本順、歐眞、沈天學、張公達、廖公遠、
湯智、鄭平仲、涂光彥、吳貴、林章、李牛、周廣德、戴
仁、柳彥深、等一十六人。其餘不能盡載。今按《陳氏家
譜》，宋紹興間，元光贈號，諸將加封，凡九十五人，姓
氏列於封冊。因爲悉載其名於武職歷官之首。（《康熙漳
州府志》卷19《宦績》）

【陳　珦】

陳珦字朝佩，元光子也。自幼不群，從許天正受學。諷誦
有得，播諸楮翰。元光曰：此臺院秀儒也，非載戈下士。
萬歲通天元年，舉明經及第，授翰林承旨直學士。及武后
稱制，上疏乞歸養。使主漳州文學。龍溪尹席宏聘主鄉校。
迺闢書院於松洲，與士民論說典故。是時州治初建，俗尚
因陋。珦開引古義，於風教多所裨益。元光戰歿，珦哀毀
頻絕，廬於大峙原墓左。每泣見血。朝命以嶺南多故，令

奪情代州事。珦懇辭終喪，先天元年，釋吉，乃視州事。開元三年，率武勇啣枚緣阻，夜襲巢峒，斬藍奉高首級，並俘餘黨，父仇以復。遷州治於李澳川。（即今漳浦縣治）二十餘年，剪除頑梗，訓誨士民，澤洽化行。十九年，登王維榜進士，表辭封爵。不允。二十五年，乞衰齡，復尋松洲別業，聚徒教授。天寶元年卒。（《康熙漳州府志》卷19《宦績》）

【陳　酆】

陳酆，字有芑，珦子也。舉秀才，授辰（一作振）州寧遠令。時安祿山叛亂，邊盜蜂起，刺史叕伯梁，偏將許平國，俱以貪賂在位。漳人被毒者十餘年。耆老朱興家、余拱辰等數百人，詣闕陳奏：漳本荒徼，始得陳政屯戍，繼得元光輯綏，男珦代事，兵民胥慶。復舉明經，謝官歸休。朝廷遂以叕伯梁、許平國管束斯土，盜賊迭起於澗壑，老羸逃竄於山林，酷害斯深，塗炭已極。今有新舉秀才、授辰州寧遠令陳酆，迺元光之孫，珦之子，通達歷練，如蒙使居祖職，必能恢拓先業，克紹前修，慰邊士來蘇之望。朝命可之。授酆朝散大夫、中郎將、漳州刺史。州人歡呼曰：州主陳將軍孫來矣！歷任二十九年，一州晏安。偶疾作，兵民籲天願代。大曆十四年卒。子三人：詠、謨、訏。謨嗣，詠以薦辟爲恩州錄事，訏四門博士。（《康熙漳州府志》卷19《宦績》）

【陳　謨】

陳謨字以忠，酆子也。初任中郎將兼刺史。性剛率，不協輿情。耆民曾拱璧、賴習英等詣制司言之。建中三年，詔

柳少安來剌州事，仍命謨任中郎將檢校本州別駕。少安精
天文、地理，奏龍溪可建州治，未得請。貞元二年，少安
內召，謨攝州事，白于觀察使盧岑，以聞，制可。遂移州
治於龍溪。更事既久，區畫營建，吏民胥悅。後以平廣寇
功，復授中郎將兼漳州剌史。元和十四年卒。（《康熙漳
州府志》卷19《宦績》）

【高亭宮】

在郡城西高亭山下。後唐龍啓二年剌史王繼瓊爲威惠廟。
宋時薩眞人上昇於此，一名昇仙宮。（《康熙漳州府志》卷
28《古跡》）

按：威惠廟額始賜於宋徽宗政和三年，後唐時所建陳元光廟
不應有威惠廟之稱，其廟或後來改稱威惠廟歟？

【將軍廟】

在漳浦雲霄將軍山下西營。唐陳將軍元光初渡漳水時屯營
於此。後人因其跡立爲廟。屢顯靈異。廟與歸德將軍政墓
相對。（《康熙漳州府志》卷28《古跡》）

【河福庵】

在海澄縣東。配元天上帝及謝廣惠王。按廣惠王即晉謝安
石也。陳將軍元光奉其香火入閩啓漳，漳人因而祀之。（
下略）（《康熙漳州府志》卷28《古跡》）

按：《崇禎海澄縣志》「河福庵」條，把謝廣惠王說成陳將
軍（指元光）裨將，事屬荒唐，然亦民間信仰中常見之諸神混雜
現象。

【魏太母墓】

在漳浦六都之半徑。按《陳元光本傳》稱：元光葬祖父母

於半逕山，而自結廬於墓左，承重守制三年。則所謂太母者乃元光祖母也。又元光半逕題石詩云：「喬岳標仙迹，玄扃妥壽姬。烏號悲嶺海，鶴仰向京師。萬里提兵路，三年報母慈。憂闕情猶結，祥回禫屆期。」雖未明言祖母，而語意與本傳相合，的是無疑。（《康熙漳州府志》卷28《古迹》）

按：所謂魏太母墓及陳元光詩並是後人偽托。傳說中的魏母代子領兵平蠻故事，與楊家將故事中楊令婆佘太君事迹相仿。聯繫到閩中有楊文廣平蠻十八洞故事，頗疑好事者將楊家將故事附會到陳元光身上。佘太君為楊文廣之太母，魏母為陳元光太母，在這一點上兩者也是相似的。

曹　寅

曹寅，清康熙間任兩淮鹽課監察御史，通政使司通政使。康熙四十四年（1705）奉敕命主持校定刊刻《全唐詩》。康熙四十五年十月初一書成，四十六年康熙皇帝為之作序並題額，名為《御定全唐詩》。

【陳元光】

陳元光字廷炬，光州人。高宗朝以左郎將戍閩，進嶺南行軍總管，奏開漳州，為郡世守刺史。詩三首。（《全唐詩》卷45）

【落成會詠一首】

泉潮天萬里，一鎮屹天中。筮宅龍鍾地，承恩燕翼宮。環堂巍嶽秀，帶礪大江雄。輪奐雲霄望，晶華日月通。凌煙

喬木茂，獻寶介圭崇。昆俊歌棠棣，民和教即戎。盤庚遷
美土，陶侃效兼庸。設醴延張老，開軒禮呂蒙。無孤南國
仰，庶補聖皇功。（《全唐詩》卷45）

【示珦】注：元光子也

恩銜楓陛渥，策向桂淵弘。載筆沿儒習，持弓纘祖風。祛
災剿猛虎。溥德翊飛龍。日閱書開士，星言駕勸農。勤勞
思命重，戲虐逐時空。百粵霧紛滿，諸戎澤普通。願言加
壯努，勿坐鬢霜蓬。（《全唐詩》卷45）

【太母魏氏半徑題石】

喬岳標仙蹟，玄扃妥壽姬。烏號悲嶺海，鶴仰向京師。繫
牒公侯裔，懸弧將相兒。清貞蜚簡籍，規範肅門楣。萬里
提兵路，三年報母慈。劍埋龍守壙，石臥虎司碑。憂闋情
猶結，祥回禫屆期。竹符忠介凜，桐杖孝思淒。許史峋嶙
篆，曹侯感舊詩。鴻蒙山暝啟，駿彩德昭垂。華表瑤池宴，
清漳玉樹枝。昭題盟岳瀆，展墓慶重熙。（《全唐詩》卷45）

　　按：《全唐詩》編纂時除收載明、清時期的幾部唐人總集、
別集外，「又旁采殘碑斷碣、稗史雜書之所載」，其間難免「有
重收、誤收及小傳小注失當處」。上引小傳和詩三首，就屬於誤
收不當的情況。其來源應是明末清初撰成的《陳氏族譜》。其中
「太母魏氏半徑題石」一首，《康熙漳州府志》已指出「詳意當
是題贈人作」，不是陳元光詩。後來發展成的所謂陳元光《龍湖
集》，同樣是後人偽托之作，見本書有關考證篇章。

董　誥

　　董誥，《全唐文》總裁，官文華殿大學士，文淵閣領閣事，尚書房行走等。《全唐文》於清嘉慶十三年（1808）設館纂修，歷六年告成。

【陳元光】

　　元光字廷炬，光州人。高宗朝以左玉鈐衛翊府左郎將戌閩，遷嶺南行軍總管。（《全唐文》卷164）

　　按：《全唐文》收采的復誤、疏略及作者小傳不實的情況，比《全唐詩》更嚴重。著名史學家陳垣先生曾指出「其書多舛誤，不可恃」。這篇陳元光小傳謬誤不實，後面的二篇所謂陳元光表文，純屬偽作，考證見本書有關篇章。

【請建州縣表】

　　泉潮守戌、左玉鈐衛翊府左郎將臣陳元光言：伏承永淳二年八月一日制，臣進階正議大夫、嶺南行軍總管者。受命戰兢，抵官彌懼。臣以沖幼，出自書生，迨及童年，濫膺首選，未及干戈，守至懦至柔（一本作弱）之質，惟知飽暖，無曰區曰處之能。幸賴先臣緒業，叨蒙今日國恩，寄深（一本作身）都閫，任重（一本作事）專征。爰從視職以來，不敢少有寧處。況茲鎮地極七閩，境連百粵，左衵居椎髻之半，可耕乃火田之餘。原始要終，流移本出於二州；窮兇極暴，積弊遂逾於十稔。元惡既誅，餘兇復起，法隨出而奸隨生，功愈勞而效愈寡。撫綏未易，子育誠難。竊惟兵革徒威於外，禮讓乃格其心。揆諸陋俗，良由職方久廢，學校不興，所事者蒐狩為生，所習者暴橫為尚。誅

之則不可勝誅,徙之則難以屢徙。徜欲生全,幾致刑措,其本則在創州縣,其要則在興庠序。蓋倫理謹則風俗自爾漸孚,治理彰則民心自知感激。竊以臣鎮地曰安仁,誠為治教之邦;江臨漳水,實乃建名之本。如蒙准請(准請二字據盧如金家譜所載補入)乞敕定名號而復入職方,建治所而註頒官吏。治循往古之良規,誠為救時之急務。秦越百家,愈無罅隙;畿荒一德,更有何殊?臣謬居外鎮,忝在封疆,所得事宜合奏。謹具厥由,伏候敕旨。(《全唐文》卷164)

【漳州刺史謝表】

左玉鈐衛翊府左郎將、進階前正議大夫、嶺南行軍總管臣陳元光言:伏奉垂拱四年六月二十九日制,除臣中郎將、右鷹揚衛率府懷化大將軍、輕車大都尉兼朝散大夫、持節漳州諸軍事、守漳州刺史、贊治尹、營田長春宮使者,伏以社稷初開,首有官僚之建;皇天眷命,重茲樗櫟之材。山川頓改,人物更生。竊念臣州,背山面海,舊有蛇豕之區;椎髻卉裳,盡是妖氛之黨。治理誠難,撫綏未易。恭惟陛下威振百靈,氣消六沴。自東自西,不違於指顧;我疆我理,咸得其區分。民心有繫,土俗轉淳。覺昨非而今是,必舊去而新更。竊惟治巨室者不用乎條枚,蓋明堂者不參於瓦礫。茲遇陛下日月其明,乾坤其量。知臣樸忠有素,寒松不改乎彫年;膂力猶剛,老馬或諳於故道。申命曲加,因郵傳賜,寵之以二政之隆,畀之以一州之重。雖則殊鄉,還同晝錦。光華奚止於一身,爵祿許推於後裔。人皆謂榮,臣獨知懼。粉身未足報深恩,萬死實難酬厚德。

　　已從此日，望闕謝恩。繼當恪守詔條，徵庸俊義；平均徭
　　賦，示以義方。持清淨以臨民，重修前志；守無私以奉國，
　　再礪於衷。展駑駘之力，申鷹犬之勞。庶荒陬蠻獠，盡沐
　　皇風；率土生靈，備聞斯慶。臣無任感恩隕越之至。（《
　　全唐文》卷164）

薛凝度

　　薛凝度，清朝賜進士出身，嘉慶間特授漳州府雲霄同知，主
修《雲霄廳志》。

【陳將軍祠】

　　自郡邑至村落，輒數十家爲一社，建立祖祠以祀其先。又
　　各立祠，春秋祈報，亦猶行古之道。考祈報所祈，惟玉鈐
　　陳將軍，闢土開疆，功在生民，報祈最盛。（《雲霄廳志》
　　卷20《紀遺》引本府志）

　　按：此條說明陳元光在雲霄已成爲民間信仰崇拜的對象，也
就是從人變成爲神。而《雲霄廳志》「不過就三縣志（按指漳浦、
詔安、龍溪三縣）并府志抄撮成之」（薛凝度《雲霄廳志·序》），
又說明明清以來漳州府縣志關於陳元光的記載大多類於神話，不
能以信史待之。

【陳王廟】

　　在城外溪尾保。祀魏太母暨陳玉鈐父子祖孫。國初陳氏子
　　孫合建。（《雲霄廳志》卷7「廟祀」）

　　按：兼祀魏太母的陳元光廟宇僅此一見。其廟建於清初，此
時正是神化陳元光達到高潮，有關陳元光的種種傳說故事紛紛出

籠之時。

盧蔚猷

盧蔚猷，光緒海陽縣志主修人，生平事迹不詳。

【元光平嶺表】

> 高宗儀鳳二年丁丑，崖山賊陳謙陷潮陽。潮州刺史常懷德
> 遣將軍陳元光討平之。元光刊木通道，大小百餘戰，俘馘
> 萬計，嶺表平。後以其功於潮，立廟祀之。（《光緒海陽縣
> 志》卷24《前事略》）

按：本條說明潮州曾建有陳元光廟，可與「趙希蓬重修威惠
廟題記刻石」相印證。陳元光是潮土著，有功於潮，潮人立廟祀
之，正是情理中事。

楊修田

楊修田，光緒中期任汝南府光州知州。其所主修的《光州志》
修成於光緒十三年（1887）夏。

【陳元光】

> 字廷炬，弋陽人……元光三十六世孫華來爲光州守，表揚
> 先德，士民囑立廣濟王祠於學宮之左。（《光緒光州志》）

【陳　酆】

> 字有芑，先世弋陽人……天寶元年，酆舉秀才，授辰州寧
> 遠令，在京見李林甫、楊國忠柄國，無意仕進，訪弋陽舊
> 第，川原壯麗，再新而居之數年。（《光緒光州志》）

【陳　咏】

> 字正雅，舊爲光州人，因祖元光戍閩……遂爲閩人。子章
> 甫，字尚冠，建中初舉明經。貞元十九年轉光州司馬，代
> 父本州團練。元和三年轉京兆司田兼領度支郎。十二年，
> 咏卒，章甫扶柩葬於漳。穆宗初復補光州司馬，加團練使、
> 輔國左將軍。士民愛之如慈母。（《光緒光州志》）

　　按：明代光州有關府縣志，俱無關於陳元光一家的記載，《
光緒光州志》的上述記載，顯然抄自福建省有關史志，而又加以
增衍發揮。此類反復抄錄、發揮的現象，實不可作翔實史料視之。